JN112341

稲垣 忠／佐藤和紀［編著］

ICT活用の

Information and Communication Technology

理論と
実践

DX時代の教師をめざして

北大路書房

まえがき

教員養成の新たな科目に

　1人1台の端末，アカウントとパスワード，クラウドサービス，デジタル教科書，AIドリル等，教室の日常は大きく変わりつつあります。2019年12月に公表されたGIGAスクール構想は，2020年のコロナ禍によって端末整備が前倒しされ，2021年にはほとんどの小・中学校で1人1台の環境が実現しました。高等学校や特別支援学校にも同様な環境は広がっています。本書は，教職を目指す大学生の皆さんを対象としたテキストです。また，ICT活用に関する全体像を学びたい教職員にも役に立つことでしょう。大学でも，1人1台端末は急速に広まりました。おそらく皆さんも日々の学修でコンピュータを使っていることでしょう。本書を電子書籍の形態で読んでいる人もいるかもしれません。

　2021年8月，教職を目指す皆さんが履修すべき事項を定めた「教職コアカリキュラム」が改訂されました。「情報通信技術を活用した教育の理論及び方法」が1単位以上必修となったのです。科目の設置方法は一定の基準はありますが，大学ごとに異なります。既存の科目に組み込む大学と，新たに科目を設置する大学とが出てくるでしょう。

　本書は，全部で21の章がありますが，どこからでも活用いただけます。新たに科目を設置する大学で使えるだけの十分な内容を収録しましたが，既存の科目への組み込み方のヒントにもなるよう複数のシラバス例を当該科目を担当される先生方向けに掲載しました。コアカリキュラムとの対応も記載しておきましたので，適宜取捨選択したり，実技と組み合わせたり，工夫してご活用いただければ幸いです。

なぜICTについて学ぶのか

　情報通信技術（Information and Communication Technology：ICT）の活用に関しては，この科目の新設だけでなく，各教科の指導法でも取り扱います。4

年次の教職実践演習でも積極的に活用するとされています。なぜこれほど、ICTについて殊更に取り上げているのでしょうか。ウェブ検索、文書やプレゼンテーションの作成といった基本的なコンピュータの操作に難しさを感じている方は多くはないはずです。けれども、学校現場では、自分が使うだけでなく、児童生徒がコンピュータを日常的に使います。教師としても、デジタル教科書やさまざまなデジタルコンテンツを効果的に活用したり、授業以外の校務でコンピュータを用いたり、児童生徒の学習履歴データから次の指導を考えるといったことが当たり前になりつつあります。そしてこの変化は、ここ数年で急速に進みました。

　小学生・中学生の頃から1人1台の環境で育った方もいないわけではありませんが、日本ではごく一部の先進校、先進地域に限られていました。教育実習に行く際に、そして教職に就いて活躍していくうえで、こうした環境は当たり前のものとなります。気をつけるべき点に配慮し、より良い授業づくりと、多様な児童生徒の学びの支援のためにICTがどう役立つのかを理解しておくことが、教職を目指すうえで必須となったのです。

本書の構成

　本書は「理論編」と「実践編」に分けています。理論編では、教育の情報化が進められる背景、GIGAスクール構想以前から進められてきた、教育メディアやコンピュータ利用に関する諸理論、先端技術利用の動向や今後の方向性を収録しています。1人1台は突然降ってわいた話ではありません。その時々の最先端のテクノロジを積極的に活用してきた実践や理論の蓄積が背景にあることを学ぶことは、皆さんがこれまでに学んできた経験と、これからの学校の姿をつなぐ役割を果たすはずです。実践編は、「教師および児童生徒のICT活用」と「児童生徒の情報活用能力の育成」の2部構成にしました。ICTの活用は、授業での利用だけでなく、授業外の学習も含む個別最適な学びの実現や、オンライン授業等による学びの保障、校務を効率化するためのICT活用など実に幅広いものです。さまざまな事例を通してICTが教育現場に何をもたらしているのかを理解していきましょう。

　ICTを便利に使うだけでなく、留意点を理解し、学びを深めるために児童生

徒に身につけさせたいのが情報活用能力です。日常的に利用する際の指導事項，小学校からはじまったプログラミング教育，SNSの利用やセキュリティに関する知識を含む情報モラルが含まれます。また，ICTに限らず情報そのものを適切に収集し，集めた情報を整理・分析して新たな考えを作り出す，探究的な学びを支えるのも情報活用能力です。これらは特定の教科で指導するのではなく，さまざまな教科の学習を通して横断的に育成するとされています。つまり，皆さんがどの校種・教科の教員免許を取得するとしても把握しておく必要があります。

　AIが進化したとしても，教師という仕事がすぐになくなることはないでしょう。児童生徒の実態を把握し，教材研究を積み重ね，授業展開を構想し，児童生徒とのやりとりから学び，日々の実践を通して，教師としての研鑽を積んでいくこと自体は変わりません。その際，ICTを「何だかよくわからない厄介者」ではなく「現代の教師に必須の強力な助っ人」として活用し，今後ますます進展する情報社会を生きていく児童生徒に対し，自信をもって指導できる教師を目指してくれることを願っています。

2021年11月　編者を代表して

稲垣　忠

目　次

理論編

THEORY

第 1 章

現代社会における ICTの役割

堀田龍也

┌─ ○┘ KEY WORDS ─────────────────────────────

DX，情報社会，AI，IoT，クラウド，ビッグデータ，Society5.0，ICT，
デジタル読解力，サイバー犯罪

1. 私たちの日常生活はテクノロジに支えられている

(1) 現代はすでに情報社会

　現代社会に暮らす私たちは，日頃から生活の中でスマートフォンを使い，知らない言葉を検索したり，ネットでニュースを読んだりします。天気予報のサイトにアクセスすると，雲の動きがリアルにわかり，何分後に雨が止むのかもほぼ確実に当たるようになっています。そういう情報が，ほぼみんなが所持している手元のスマートフォンで得ることができる社会に暮らしています。

　旅行の際には，行き先を検索し，地図で確認し，飛行機や新幹線の予約もスマートフォンで簡単にできます。宿泊先は評判を見ながら決定し，すでに登録している自分の情報が反映されている予約サイトで予約できます。食事にでかける前には評判のいいレストランを探すでしょう。いつでも写真を撮影し，友人と共有することもできます。家族とテレビ電話をすることだってできます。

　オンラインで買い物をすることも今や日常的です。銀行の入出金や振込等をスマートフォンで行うことも，すでに一般的になりました。街角での買い物も，今ではICカードやQRコードの読み込みによる電子決済に移行しつつあり，現金を使わないまま1日が終わることも増えています。

　このように，デジタル技術が普及し，日常生活やビジネスが変革されていくことを，**デジタル・トランスフォーメーション（DX）**といいます。

(2) 情報社会はさらに進展する

　私たちが暮らすこの便利な**情報社会**は，わずか15年ほどの間に発達したものです。2021年現在，国内で最も多く使われているスマートフォンのiPhone（Apple社）が日本に上陸したのが2008年。それからスマートフォンの本格的な普及が始まりました。総務省「情報通信白書（令和元年版）」によれば，2010年のスマートフォンの普及率はわずか10％でしたが，2012年には50％を超え，今では80％を超えています。

　私たちの身の回りには，エアコンやロボット掃除機，自動ドアや自動販売機など，センサーやプログラムによって機械が動いているものが数多く存在しています。近年話題となっている車の自動運転，**人工知能（AI）**やロボットなどの活用はこの延長線上のことであり，今や特別な話ではありません。

　私たちがスマートフォンで参照している雨雲レーダーを例に考えてみましょう。まず，全国にはたくさんの気象センサーが配置されており，それらのセンサーはインターネットにつながっています。このようにインターネットにさまざまなモノが接続されている状態を**IoT**（Internet of Things）といいます。多数の気象センサーからの膨大な測定情報はすべて**クラウド**に収集され，**ビッグデータ**となります。大量のデータを瞬時に分析し天気を予測するためにはAIが用いられています。

　これからの時代は，テクノロジがさらに知的かつ高度に私たちの生活を支援していくようになるでしょう。我が国ではこれからさらに少子高齢化が進み，労働人口は激減していくため，ロボットや人工知能と共存した社会が到来します。これが**Society5.0**と呼ばれる超スマート社会です。

2. 少し先の未来をイメージする

(1) テクノロジが職業観を変える

　農業では，生産人口がいち早く減少し，しかも高齢化が進行しました。小学校の教科書にもそう書いてあったことを記憶している人も多いと思います。しかし今では，若い人たちの農業への参入が増加し始めています。トラクターが無人運転となり，GPSを利用して田畑の形に対して数cmのズレという精度で

稼働できるようになっています。無人のトラクターが自動で耕し，無人のコンバインが刈り取るといったことがすでに現実になっているのです。農薬散布にもドローンが用いられています。センサーによって生育具合に応じて効率的かつ正確に農薬を撒けるため，薬剤の量が少なくでき，コストダウンにもつながっています。

　こうしたテクノロジの活用は，水産業や林業においても生じています。流通業界でも，今ではスマートフォンで郵便物や宅配便の追跡，再配達の依頼が可能となっています。すべての荷物にコードが付与され，それが現在どこにいるか，どの処理まで終わっているかが**ICT**（Information and Communication Technology：**情報通信技術**）によって可視化されているためです。流通業界のシステム化に留まらず，データが市民に新しいサービスとして開示・提供されることにより，生活の利便性の向上に寄与するようになったのです。

（2）少子化が情報化を加速する

　今後は，ロボットやAIの高度化によって，単純労働を中心に現在存在する多くの職業が影響を受けるといわれています。労働者に求められる能力に変化が生じ，創造性や協調性が必要な業務や非定型な業務が仕事の中心になることが予想されています。人手不足とテクノロジの発達を前提として就労構造の変化が大きくなっていくでしょう。民間企業ではもはや終身雇用は崩壊しており，未だに終身雇用が保障されているのは公務員ぐらいです。しかしこれも時間の問題でしょう。

　一方で，先に例示したように，市民へのサービスはスマートフォンの普及によって簡便かつ高度化しており，従来のやり方が淘汰されつつあります。就職活動はまずインターネット上のサイトに自分の情報を登録することから始まります。学力調査や資格試験，いずれは入試までも**コンピュータ使用型テスト**（**CBT**：Computer Based Testing）化が推進されています。人手をかけず，コストダウンが図られているのです。

　世界的には人口爆発による問題が懸念されている一方で，日本では急速な少子高齢化による人口減少社会を迎えています。少子高齢化そのものは，先進国では珍しくない傾向ではあるものの，それが世界で最も早く訪れるのが我が国

です。今までの社会構造では無理が生じることは自明です。だから人手をかけない方法が推進されているのです。**情報化**がそれを助けています。一部の企業では早くから情報端末とネットワークなどの ICT を潤沢に用いることができるよう投資し，社員の働き方を改善してきました。従来の業務を見直し，在宅勤務を可能とするためのペーパーレス化も進んでいます。これは，有能な人材がパフォーマンスを発揮しやすい職場環境を整備するためです。働く人々のスキルと働きやすい職場のマッチングも進み，人生 100 年時代を迎えた今，人生の各ステージにふさわしい職場で軽重をつけた働き方が実現するよう努力してきたのです。人口減少社会に合わせられない組織は回避される傾向にあります。

3.「デジタル読解力」が十分ではないという課題

(1) PISA2018

　人口減少社会に対応した組織について説明してきましたが，個人の資質・能力にも変化が要求されます。ICT を適切に活用するスキルが不可欠となるだけでなく，様々な形で降り注ぐ情報を見極める能力が求められます。

　その一つの目安として，国際的な動向としてよく話題となる，PISA2018 の「読解力」調査の結果についてここで紹介しましょう。

　生徒の学習到達度調査（PISA）は，経済協力開発機構（OECD）によって実施されている義務教育修了段階の15歳児を対象とした国際比較調査です。2000年から 3 年ごとに，読解力，数学的リテラシー，科学的リテラシーの 3 分野で調査されています。PISA は 15 歳の生徒が持っている知識や技能を，実生活の様々な場面で直面する課題にどの程度活用できるかを測ることを目的とした調査です。PISA2015 からはコンピュータ使用型テストに移行しています。

　日本では，高校 1 年相当学年が調査対象となっており，PISA2018 は 2018 年6～8 月に抽出で実施されました。その調査結果によれば，数学的リテラシーおよび科学的リテラシーが引き続き世界トップレベルであったのに対し，読解力はOECD 平均より高得点のグループに位置するものの，前回より平均得点・順位が統計的に有意に低下していました。読解力は，全参加国・地域（79 カ国・地域）では 15 位，OECD 加盟参加国（37 カ国）の中で 11 位でした（表 1-1）。

表 1-1　PISA2018 の結果の国際順位（国立教育政策研究所 Web サイトより）
全国参加国・地域（79ヵ国・地域）における比較

網掛けは非 OECD 加盟国だが PISA 調査に参加した国や地域
[ ]は日本の平均得点と統計的な有意差がない国

	読解力	平均得点	数学的リテラシー	平均得点	科学的リテラシー	平均得点
1	北京・上海・江蘇・浙江	555	北京・上海・江蘇・浙江	591	北京・上海・江蘇・浙江	590
2	シンガポール	549	シンガポール	569	シンガポール	551
3	マカオ	525	マカオ	558	マカオ	544
4	香港	524	香港	551	エストニア	530
5	エストニア	523	台湾	531	日本	529
6	カナダ	520	日本	527	フィンランド	522
7	フィンランド	520	韓国	526	韓国	519
8	アイルランド	518	エストニア	523	カナダ	518
9	韓国	514	オランダ	519	香港	517
10	ポーランド	512	ポーランド	516	台湾	516
11	スウェーデン	506	スイス	515	ポーランド	511
12	ニュージーランド	506	カナダ	512	ニュージーランド	508
13	アメリカ	505	デンマーク	509	スロベニア	507
14	イギリス	504	スロベニア	509	イギリス	505
15	日本	504	ベルギー	508	オランダ	503
16	オーストラリア	503	フィンランド	507	ドイツ	503
17	台湾	503	スウェーデン	502	オーストラリア	503
18	デンマーク	501	イギリス	502	アメリカ	502
19	ノルウェー	499	ノルウェー	501	スウェーデン	499
20	ドイツ	498	ドイツ	500	ベルギー	499
	信頼区間※（日本）：499-509		信頼区間（日本）：522-532		信頼区間（日本）：524-534	

(2) PISA2018 における「読解力」

　PISA2018 における**読解力**（reading literacy）においては，読解対象の「テキスト」を，紙に書かれたものだけに留まらず，街中の看板等や，オンライン上の多様な形式を用いたデジタルテキスト（Web サイト，投稿文，電子メールなど）まで含めており，**デジタル読解力**とも呼ばれます。

　その上で，「読解力」として測定する能力は以下のように提示されています。

①情報を探し出す（locating information）
－テキスト中の情報にアクセスし，取り出す
－関連するテキストを探索し，選び出す
②理解する（understanding）
－字句の意味を理解する

－統合し，推論を創出する

③評価し，熟考する（evaluating and reflecting）

－質と信ぴょう性を評価する

－内容と形式について熟考する

－矛盾を見つけて対処する

　①は「情報の取り出し」と呼ばれるもので，テキストの中から必要な情報にアクセスし，どこを読むべきかを同定するスキルです。②はその意味を読み取るということであり，③は読み取った結果を評価したり，クリティカルに検討したりすることです。これらの能力は，我が国の概念規定では言語能力と**情報活用能力**の双方にまたがるものと考えられます。

　このように，PISA でいう「読解力」は，我が国で国語科を中心として認識されている読解力よりも広範かつ実践的な能力です。国際比較を目的とした PISA で提示されている読解力は，デジタルも含めた多様なテキストを，そのテキストの構成原理に基づいてすばやく情報を取り出すスキル（**読み取り**）と，理解した当該のテキストがどのような立場から誰に向けて何故に発信されているのかを判断するスキル（**読み解き**）で構成されています。これが実生活の様々な場面で直面する課題にどの程度活用できるかという能力であり，これを世界標準と捉える必要があります（堀田，2020）。

（3）ICT 活用の経験不足が「読解力」に影響している可能性

　PISA2018 では，読解力の習熟度レベルを 8 段階に分けて公表しています。我が国の生徒はレベル 1（最も基本的な知識・技能を身につけていない）以下の低得点層が 2015 年と比較して有意に増加していました。レベル 2（最小限に複雑な課題をこなすことができる）も増加していました。このことは，「読解力」が著しく身についていない下位生徒に十分な学習指導が行き届いていない可能性を示しています。

　インターネットにアクセスする機会は日常の中で数多くあるでしょう。そこに表示されたデジタルテキストを十分に読解できていないとすれば，場合によっては**サイバー犯罪**などの不適切な事案に巻き込まれかねません。

4. メディア社会の「影」も知っておく必要がある

(1) メディアは子供たちにもすでに十分に普及している

　2020年4月公表の内閣府「青少年のインターネット利用環境実態調査」によれば，中学生のインターネット利用率は，男子94%，女子96%でした。そのうち，スマートフォンでの利用は男子65%，女子73%となっており，男子より女子のほうが多い傾向があります。それに対して，タブレットでの利用は，男子36%，女子30%，携帯ゲーム機での利用は，男子42%，女子22%であり，女子より男子のほうが多い傾向があります。スマートフォンでインターネットを利用している中学生が，平日にインターネットを利用している時間は，平均で133.5分と2時間以上であり，3時間以上と回答した中学生が34%存在します。ちなみに，利用時間については男女で大きな差はみられません。

　このように，すでに児童生徒のICTへの接触傾向は次第に低年齢化しています。他国と異なっているのは，日本では学校教育へのICT環境整備が大幅に遅れていたため，学習活動においてICTを活用する経験が児童生徒にほとんどなく，その結果，彼らにとってはICTを遊びの道具としてしか捉えられていないことです。その結果，十分な学習経験を持たないまま見よう見まねでネットにアクセスし，ネット情報の適切な読解の方法論を知らないでクリックしてしまったり，不適切なコミュニケーションの特徴を知らないで巻き込まれていったりしています。デジタル読解力の不足もこれを後押ししています。

　近年，インターネットの過度な利用によるネット依存や，ネット詐欺・不正請求などのネット被害，リベンジポルノなどのインターネット上の犯罪，インターネット上への不適切な投稿の社会問題化などが頻発しています。とりわけ，ネット依存により日頃の生活リズムが崩れ，学習時間が奪われるなどの影響が生じていることや，ネットいじめ等にまつわる児童生徒への指導上の課題が喫緊の課題となっています。

(2)「メディアとのつきあい方」を教えたい

　テレビを見ながら食事をしたり，インターネットで調べてから買い物に行ったりしますが，これは昔は無かった行動です。家族との食事中でもLINEの着

信をチェックする人は少なくないでしょう。返信する人もいるかもしれません。子供だけでなく大人もそうかもしれません。スマートフォンが急速に生活の中に浸透していくことで，マナーが変化しつつあるということです。そんな行動をする子供を親として叱るかどうか，悩ましいのが現状でしょう。

　このように，**メディア**は生活習慣を変えるほどの影響力があります。「もしもスマートフォンがなかったら」と想定してみるだけで，私たちのくらしのいろいろなことがスマートフォンによって支えられていることに気づくでしょう。これらのことを自覚して，メディアと上手につきあっていくことが大切です。

　実はメディアが変えてしまっているのは，コミュニケーションスタイルや生活習慣だけではありません。例えば炊飯器がなかったら，私たちの何人が「はじめちょろちょろ中ぱっぱ」でご飯を炊けるのでしょうか。冷蔵庫がなかった時代の人たちがやっていた食品保存の知恵を持ち合わせているでしょうか。

　私たちの生活は，様々な道具に支えられています。道具に支えられているぶん，当該の能力が確実に失われているのです。道具を使うことが前提の生活を送る社会では，道具の機能を知り，道具によって何が支えられているかを把握し，道具によって失われていく能力に敏感になる必要があります。ただ流されているだけでは，気がつかないうちに何かができない人になってしまっているという恐れがあるからです。

　学校教育も，昔と同じままというわけにはいかないのです。社会の情報化に対応し，新しい教育内容，教育方法が検討される必要があるのです。

////////////////////// **調べてみよう・議論してみよう** //////////////////////

①自分が利用しているメディアについて，次の観点で列挙してみましょう。
　・情報を集めるときに利用しているメディア
　・友だちとのコミュニケーションに利用しているメディア

②レポートを書く際にインターネットで検索した情報を用いるとします。その際に気をつけるべきことについて議論しましょう。

③文部科学省は「情報活用能力」という用語を定義し，学習指導要領に組み込んでいます。このことについて詳しく調べてみましょう。

第 2 章

教育における視聴覚メディアの歴史的展開

宇治橋祐之

┌─ ○┘ KEY WORDS ─────────────────────────
視聴覚メディア，視聴覚教育，放送教育，経験の円錐，テレビ，学校放送，
山の分校の記録，メディアミックス，実物投影機，プロジェクタ，NHK for
School，電子黒板，デジタル教科書
└──

1. 視聴覚メディアの歴史を考える

　2020年代の学校では，デジタルテレビや電子黒板などの視聴覚機器が多くの
教室に整備され，デジタル教科書やNHK for School（テレビ学校放送番組又は
インターネットの教材）をはじめとする様々な視聴覚教材が利用されています。
NHK放送文化研究所（NHK文研）の2020年度の調査では，普通教室で実物
投影機を利用できる小学校は97%，プロジェクタは96%に達しています。NHK
for Schoolを利用している教師がいる小学校は95%，指導者用のデジタル教科
書を利用している教師がいる小学校は92%でした（宇治橋・渡辺，2021）。

　こうした機器や教材の歴史的な移り変わりをみてみましょう。図2-1は1920
年代以後の，学校と家庭で学習に利用されてきた主なメディアの変遷をまとめ
たものです。左側は主として学校だけの利用，右側は学校でも家庭でも利用さ
れたもので，「機器（太字）＋教材（斜字体）」として表しています。

　図を見ると，新しいメディアが登場する期間はだんだん短くなっています。た
だし，新しいメディアが登場しても，従来のメディアと完全に入れ替わるわけ
ではなく，併存しています。例えばCDラジカセの家庭での利用は減っていま
すが，学校では2020年代でもよく利用されています。持ち運びができ，操作
が容易で，確実に音声が再生される機能が授業に適しているためでしょう。時
代を越えても変わらない役割や機能と，新たに加わった役割や機能を確認しな
がら，教育における視聴覚メディアの歴史を考えてみましょう。

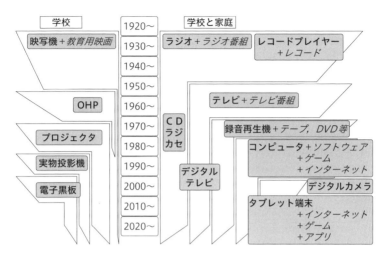

図 2-1　学校，家庭で利用された主なメディアの変遷(宇治橋，2015)

2. 掛図とラジオと教育用映画の時代 （1920年代から50年代）

　教育における視聴覚メディアの歴史を長期視点で捉えると，最初の段階は**聴覚メディア**の時代といえます。言葉だけのコミュニケーションが行われ，教師の言葉から理解することが重視されていました。次の段階で**視覚メディア**が加わります。15世紀のグーテンベルクの**印刷術**の発明により，地域や時代を越えて活字を通して学ぶことが可能になりました。抽象化された文字だけではなく，具体的なイメージを描くことができる画像の利用も試みられました。1658年にコメニウスによって著された絵入りの教科書『**世界図絵**』は当時から高く評価され，世界各国に大きな影響を与えました（堀江・浅野，1998）。

　そして，19世紀の電信の発明とともに**視聴覚メディア**の時代が始まります。初期の**映画**は活動写真とも呼ばれていたように無声でしたが，のちに映像と音声をもつ視聴覚メディアとして教育現場での利用が広がります。ただし視聴覚メディアだけが利用されたわけではなく，視覚メディアとしての**掛図**，聴覚メディアとしての**ラジオ**も教育の場では利用されていました。

映画は当初，子供への悪影響が心配されました。1911年に日本で公開されたフランス映画『怪盗ジゴマ』は子供たちの人気を集めましたが，少年犯罪につながるのではないかという声が強まり上映禁止となってしまいます。その一方で映画の教育利用についての試みも始まります。教科書に即した50フィート（約1分半）程度の短いフィルムを授業で利用しようというものです。

この時期，「**動く掛け図**」をめぐる論争がありました。当時東京市視学の関野嘉雄と東京市赤羽小学校訓導の鈴木喜代松との間で10年以上続きました。鈴木をはじめとする現場の教師は，映画は事象を再現的に伝えてくれればよいという考えでした。それに対して関野は，映画を補助的・断片的に使うのは，映画を掛け図が動いたという程度にしか捉えておらず，映像的表現や映像的構成などを理解することにならないとしました。そして，映画を直接の教材として講堂などで視聴する「講堂映画会」方式を進めました。授業における視聴覚メディアの役割を巡る論争は，その後も形を変えて続いていきます。

視聴覚メディアを補助教材としてではなく直接の教材とする考え方は，1935年に全国放送が始まったラジオ学校放送番組でも進められました。その理論的支柱となったのが，奈良師範高等学校助教授から日本放送協会に転じ，放送教育の父といわれた西本三十二です。西本の放送教育論はメディアの発展と社会の変化を受け止めた教育という視点から，放送を教育に活用していこうというものでした。「ラヂオの放送を如何に選択し，如何に聞き，又如何に利用し，如何に批判するかといふ事を学校に於て実際に放送を聴かせる事によって指導しておく事が，やがて児童の現在及び将来の生活を有効に指導することになる」として，後の**メディア・リテラシー**につながる視点を示しています。

視聴覚メディアの活用と合わせて，**視聴覚教育**と**放送教育**の理論的研究も進んでいきます。視聴覚教育と放送教育の定義はいくつかありますが，例えば，視聴覚教育は「授業システムにおける個々の要素および授業システムの全体について，その設計，製作，選択，管理，および利用に関することである」（現在のアメリカ教育工学会AECTの前身DAVI「アメリカ視聴覚教育部」による定義，1945）があります。また，放送教育については1982年に日本放送教育学会が示した「放送教育とは，テレビ，ラジオをはじめ，これに類似する通信媒体およびそれらによる情報の制作と利用により，学校教育，社会教育などにおける

教育内容を拡充し，教育方法を改善する営みである」があります。広義には放送教育は視聴覚教育に含まれますが，異なる点もみられます。

　視聴覚教育の理論の基礎として1950年代に大きな影響を及ぼしたものとしては，アメリカの教育学者エドガー・デールが具体的経験と抽象的概念の結びつきを表した**経験の円錐**（cone of experience）があります（図2-2）。円錐には11の経験が示され，上に行くほど抽象的になります。下から三つは具体的な活動を伴

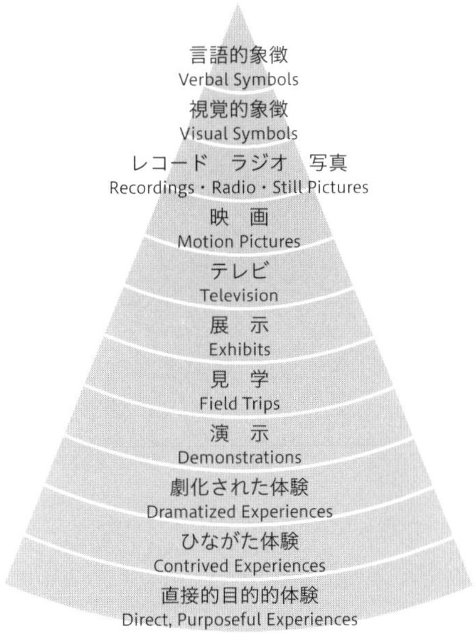

図2-2　経験の円錐（西本，1957，p.35）

う経験です。下から四つ目の演示から六つ目の展示は，実際の活動を伴いませんが，見るという点に教育的意義を認めています。下から七つ目のテレビと八つ目の映画は画面を通して，時間と空間を越えた経験をすることができます。九つ目のレコードとラジオは音声のみ，写真は画像のみとなるため抽象度が高く，最も抽象化されたものとして，十番目の図表や掛図などの視覚的象徴の上に言語と文字がおかれています。デールは多様な教育メディアを活用することによって，円錐の上昇方向（具体から抽象）と，下降方向（抽象から具体）の両方向の往復が活発になり，教育的に豊かな経験になるとしました。

3. テレビとOHPと録画再生機の時代（1950年代から80年代）

　1950年代から80年代は**テレビ**の時代でした。教室ごとのテレビ設置が進むとともに，NHKを中心にテレビ**学校放送番組**が時間を増やしていきました。

NHK文研がテレビ学校放送についての初めての調査を行った1958年の結果では，小学校のテレビ普及率は8.1％，テレビ学校放送利用率は6.8％でしたが，1959年のNHK教育テレビ開局により学校放送番組の放送時間が増加します。東京オリンピックが開催された1964年には，月曜日から土曜日までに教育テレビで放送された学校放送番組の時間は34時間20分，小学校のテレビ普及率は9割を超え，テレビ学校放送利用率は72.5％になりました（小平，2014）。

　この時期に注目を集めた番組に，『山の分校の記録』（NHK総合テレビ，1960年）があります。栃木県塩谷郡栗山村（現在の日光市）土呂部の分校に，テレビがやってきてからの1年間の子供たちの変化を追いかけたドキュメンタリー番組です。全校で31人の子供たちは，テレビ学校放送番組が映し出す外の世界に瞳を輝かせ，学習意欲を高めていきます。そして学習の総まとめとして『テレビの旅』という社会科番組の形式で，自分たちで調べた町の暮らしの問題点を地域の人に発表するまでに変容していきます。番組を制作した小山賢市は，「私たちの課題は，巷間に『一億総白痴化』といわせたところのものへの反論であり，今後のテレビの方向を探し出すことであり，教育の場におけるテレビ教材の位置づけとその価値を知ることであった」と制作意図を語っています。この番組は1960年9月に，放送界で最も権威のあるコンクールといわれるイタリア賞で第2位に入賞。その後も教育テレビの周年記念などで何度も再放送されたり，インターネットでも公開されたりして，学校放送番組の利用のあり方のモデルの一つを示しています（宇治橋，2019）。

　1950年代後半から学校で普及した視聴覚機器に**OHP**があります。投影用の透明シートをレンズの上に置き，光源の光がシートを透過して反射鏡に集まることで，スクリーンにシートの内容が拡大表示されるというものです。シートを教師が容易に自作でき，繰り返し使用したり共有したりすることもできました。シートの特定の部分を指差ししたり，シートを重ねることにより変化を表したりすることで，子供たちの視線を集めて説明することができました。こうした機能は後のプロジェクタや実物投影機に受け継がれていきます。

　1970年代から80年代には**録画再生機**（VTR）が普及していきます。それまでは授業時間にあわせて放送番組を視聴するか，放送番組のカリキュラムにあわせて視聴することが必要でしたが，録画をすることで時間をシフトして利用

することが可能となりました。とくに中学校と高等学校では一般家庭よりも早く利用が広がります。中学校と高等学校は教科担任制のため，小学校のように放送時間にあわせて複数のクラスで番組を視聴することが難しかったためです。例えば，週に3回の放送があっても，1人の教師が4クラスの授業を担当している場合，全クラスで番組を利用できません。VTR機器（ビデオテープレコーダー）の普及により録画をいつでも利用できるようになり，放送番組の利用の拡大につながりました。

　さらにVTR機器の普及で，NHKの学校放送番組だけでなく，NHK特集やNHKスペシャルなどの一般向け番組や民放各局の番組，市販ビデオ教材も授業で利用できるようになりました。VTRをストックして複数年度にまたがって視聴する，アーカイブとしての活用もできるようになり，授業で利用できる映像の選択肢が増えていったのです。

4. メディアミックスの時代（1980年代～）

　1980年代からは**コンピュータ**の時代です。当初のコンピュータはテキストしか扱えませんでしたが，1990年代半ばから音声や画像も扱え，CD-ROMやDVDにも対応します。教師が自分でプログラミングして教材を作成したり，市販の教育用ソフトウェア，教育ゲームが学校や家庭に導入されました。複数のメディアを組み合わせた**メディアミックス**による授業も広がり始めます。

　2000年代に入ると，学校にあるコンピュータが**インターネット**に接続されるようになります。2002年にはほぼすべての小・中学校，高等学校でインターネット接続が実現します。1999年のミレニアム・プロジェクト「教育の情報化」で国の目標が示されたことが大きく後押ししました。

　この時期には**プロジェクタ**や**実物投影機**も教室に取り入れられていきました。プロジェクタはコンピュータ画面などを投映するものとして，実物投影機は印刷物だけでなく立体物も拡大投影できるものとして，利用が広がりました。また**デジタルカメラ**も授業で利用されるようになっていきます。撮影した画像や動画を，プロジェクタやデジタルテレビで簡単に映せるようになり，教師が提示できるメディアの選択肢がさらに広がったのです。

　こうした時代状況の下，NHKの学校放送番組もメディアミックスへの試み
を始めます。1970年代から90年代まで90％台であった学校放送利用率（小学
校）が徐々に低下，2000年代には70％台となったことも背景の一つです。

　2011年に公開されたWebサイト**NHK for School**には，番組ごとに「放送番
組のストリーミング再生」「1〜3分の資料映像集の動画クリップ」「子ども向け
の教材」「教師向けの指導案」の四つの要素がありますが，その開発は1980年
代にまで遡ります（宇治橋，2020）。

　1980年代の日本の教育メディアの関係者に大きな衝撃を与えたマルチメディ
ア教材が，『**ミミ号の航海**』（1984年）です。アメリカのバンクストリート教育
大学が，小学校4年生から中学校2年生の学校での使用を前提に，3年以上か
けて開発しました。内容はクジラの生態調査の冒険物語のテレビドラマ（15分
×13本），ドラマの出演者が博物館や研究所に科学者を訪ねるテレビドキュメ
ンタリー（10分×13本），そしてシミュレーション教材などのコンピュータソフ
ト（4本），教科書と教師用の手引書，教室で使う掛け図，教師がアイデア交
換を行えるパソコン通信です。「テレビドラマによるストーリー性と，テレビド
キュメンタリーによる現実の科学の紹介」，「放送番組によるストーリー性や動
機づけと，コンピュータソフトの双方向性」，「教師の提示資料と，子供たちが
自主的に活動を行えるソフトウェア」という要素の組み合わせがマルチメディ
ア教材としての可能性を示しました。

　こうした特徴をもつマルチメディア教材として，NHKが1990年11月の第
41回「放送教育研究会全国大会」で公開したのが『**人と森林**』です。小学校6
年生を主な対象に，環境問題として人間の生活と森林の関わりを取り上げまし
た。教材の構成は，高画質とサラウンド音響を駆使したハイビジョン番組『人
と森林』（20分），ハイビジョン番組画面をデジタル印刷したハイビジョン教科
書，人間と森との関係を描く100以上のクリップ映像が入ったレーザーディス
ク，映像と連動しながら双方向に学習できるコンピュータソフトでした。これ
らの要素を引き継ぐ「NHKデジタル教材」が，2001年の総合的な学習の時間
向け番組『おこめ』のWebサイトを皮切りに公開され，2011年にはWebサイ
トNHK for Schoolとしてリニューアルされました。

　2000年代は指導者用の**デジタル教科書**も広がります。デジタル化された教科

書紙面と合わせて，動画やアニメーションなどのデジタル教材も含まれます。2020年のNHK文研の調査では，小学校の指導者用のデジタル教科書の利用は外国語・外国語活動や算数，国語を中心に92％，NHK学校放送番組又はWebサイトNHK for Schoolの利用は理科や社会を中心に95％でした。

5. 視聴覚メディアの未来を考える

2010年代になると，**電子黒板**と**タブレット端末**の普及が始まります。どちらも様々な映像教材を表示するだけでなく，タッチパネルで拡大したり，画面上に書き込みを行ったり，保存できることが特徴です。また2020年からは，**GIGAスクール構想**により小・中学生に1人1台端末が普及し，学習者用のデジタル教科書の利用も広がり始めています。

こうして教育における視聴覚メディアの変遷をみてみると，学習に必要な役割や機能は大きくは変わらないこと，新たな機器が加わってもそれまでの機器が全くなくなるわけではないこと，新たな機器が加わることで選択できる教材の種類が増えていることなどがわかります。また視聴覚メディアの教育への利用については，現在にもつながる考え方や論争があることもわかるでしょう。これからの視聴覚メディアのあり方を考える上で，歴史から学ぶことは多いと思います。

//////////////////////////// **調べてみよう・議論してみよう** ////////////////////////////

①図2-1のメディアの変遷にいろいろな人の年齢を入れてみて，その人が何歳のときにどのようなメディア環境で学習をしてきたのかをみてみましょう。自分と親の世代，あるいは自分と今の子供たちではどこが同じでどこが違うでしょうか。

②そのうえで，教育における視聴覚メディアの目的と機能として，変わらない要素と新たに加わった要素にはどんなものがあるか考えてみましょう。

第 **3** 章

教育におけるコンピュータ導入の歴史的展開

高橋　純

- ○┐ KEY WORDS ------------------------------------
CAI，個別学習，情報活用能力，CSCL，協調学習，GIGA スクール，手段や
ツールとしてのコンピュータ利用，個別最適な学び，協働的な学び

1. 1970 年頃──教育におけるコンピュータ活用の最初

　我が国の教育におけるコンピュータ活用の最初について，東原（2008）によれば1970年の「教育におけるコンピュータ利用に関する国際セミナー（OECD）」の開催や日本教育工学振興会の設立の頃にあると示されています。また，教育と情報の歴史研究会（2019）によれば，1964 年から年表がありますが，コンピュータと考えますと，1969 年の「高等学校における情報処理教育の推進について」あたりが最も古いと考えられます。いずれにしても，1970 年前後から始まったと考えられます。

　この頃の実践を振り返ると，例えば，1967〜1976 年に行われた文部省科学研究費特定研究「科学教育」において，ミニコン（メモリ 128KB が主流で最大256KB，ディスク 2.5MB）を用いた**CAI**（Computer Assisted Instruction）システムが開発されました（木村，2006）。1974 年秋に，それら 20 台を東京都葛飾区立常盤中学校に設置し，6 年間の実践を行いました。成果として，教育現場から歓迎され，授業実践は成功を収めたとする一方で，コンピュータの性能に限界があったこと，CAIで学ぶことに強い反対意見があったこと，ただ 1 校のみに高額なシステムを導入することに教育の平等の理念に反する思想が強かったことなども示されています。マイクロソフト創業が 1975 年，アップルコンピュータ創業が 1976 年であることからも，この頃にこれだけの実践を行ったことは，かなり先進的であったと考えられます。

　最初の活用が，CAIだったことも今を生きる我々にとって示唆的と考えられ

ます。CAIでは，学習者は出題された問題に回答し，その正誤によって，適切な次問が出題され，学習者ごとに問題が枝分かれしていきます。学習者に応じた**個別学習**であり，行動主義的な学習観がベースとなっています。CAIは，コンピュータの登場以前に盛んに研究された**プログラム学習やティーチングマシン**といった研究を，コンピュータを手段にしたものと考えられます。したがって，CAIには，プログラム学習の特徴である，正誤などを行動から判断する，自分のペースで学習していく，即時にフィードバックを返す，少しずつ難易度を上げていくスモールステップの原理といった特徴を備えていることが一般的です。その後，CAIはコンピュータの技術的な進展とも関連し，音声や動画を豊かに活用するマルチメディア化が図られたり，インターネットの進展によってWebベースによる出題が可能になったり，モバイル端末で学習できるようになったり，正誤判定や分析にAIが活用できるようになったり，こうした問題を作成するオーサリングシステムが開発されたりと様々な発展をみせました。現在では名称としてCAIと呼ばれることはほとんどなく，**eラーニング**，**学習支援システム**，**EdTech教材**などと呼ばれることが多いですが，その根本的な原理や動作は，1970年頃のCAI研究に端を発しているといえるでしょう。

2. 1980年代──コンピュータの普及初期

　1985年に文部省「情報社会に対応する初等中等教育の在り方に関する調査研究協力者会議第一次審議とりまとめ（以後，情報化協力者会議）」が公表されました。「できるだけ早い機会に学校教育充実の観点からコンピュータ利用等の在り方の基本をとりまとめることも肝要」とされ，「コンピュータ等の学校教育への正しい導入の端緒となれば幸い」とまとめられています。まさに特別な研究開発の段階から，学校現場への普及が始まったと考えられます。

　1980年に英国では「マイクロエレクトロニクス教育計画」，フランスでは「学校における10万台マイクロコンピュータ計画」，米国やカナダは州が主体で整備が進められました。初等教育段階ではコンピュータによる個別指導が推進され，中等教育段階では教科の一部あるいは独立した教科等として扱われ始めていました。一方の我が国は，1983年の文部省による調査によれば，1台以上の

コンピュータを保有する公立学校は，小学校の 0.6％，中学校 3％，高等学校 56％（職業学科を含む）とされ，英国の小学校 43％，中等学校ほぼ 100％と比較して，国際的にかなりの遅れがみられていると，この時点から指摘されています。

情報化協力者会議では，「今後一層の進展が予想される情報化に対して，学校教育は無縁ではあり得ない」「未来の高度情報社会に生きる子供たちに必要な資質を養うための方途を工夫する必要」「教員養成段階も含めて，教師の情報化への適切な対応が迫られている」とまとめられており，現在にも続く，我が国の課題が示されました。

この頃，CAI のように知識・技能の習得のためにコンピュータを活用するだけではなく，創造や問題解決のためにコンピュータを活用すべきであるという考え方が実現され始めました。その際，MIT のシーモア・パパートが開発したプログラミング言語「LOGO」が活用されたりしました。

3. 1990 年代——全ての学校でのコンピュータ活用の始まり

1989 年に告示され 1992 年以降に実施された学習指導要領では**情報化**への対応が大きな柱の一つとして盛り込まれました。これにより全国の学校が本格的に情報教育やコンピュータ活用の実践を行うこと，そのためのコンピュータ環境の整備が進むことになりました。

続いて，1991 年に学習指導要領のうち，情報化に関して趣旨を十分に理解するために「**情報教育に関する手引**（以後，手引）」が公表されました。以後，名称は変化しつつも，学習指導要領の改訂にあわせて，約 10 年おきに公表されてきた手引を参照すると，コンピュータ活用の詳細を知ることができるでしょう。

1991 年の手引では，1986 年の臨時教育審議会第二次答申で初めて示された**情報活用能力**のみならず，同審議会を通してまとめられた「情報手段の活用による学校教育の活性化」「情報モラルの確立」「情報化の光と影への対応」が重要な考え方として記述されました。そして，情報化協力者会議によってまとめられたコンピュータ利用の三形態である「コンピュータ等を利用した学習指導」

「コンピュータ等を目的とする教育」「教師の指導計画作成等及び学校経営援助のための利用」も手引に位置づけられています。現在，これらは，①情報活用能力（情報モラルを含む）の育成，②教科等の指導におけるICTの活用，③校務の情報化，の大きく三つに整理されていますが，当時の考え方が基盤にあるといえます。

　小学校のコンピュータ利用は，「コンピュータに触れ，慣れ，親しませることを第一のねらいにすべきである」と示されたこと，中学校では「ドリル方式だけではなく，……（中略）生徒の思考力を育成するのに効果的な利用」「生徒の授業への興味・関心を深め，論理的な思考力や問題解決能力並びに情報処理能力を育成する」と示されたことが特徴的であるといえます。

　この頃，コンピュータネットワークの普及に伴い，学校内外の人々とコミュケーションを図りながら学習を進めていく**共同学習**が行われました。とくに100校プロジェクトでは，1994年に当時まだ珍しかったインターネットを全国の100の学校に接続し，様々な特色ある教育実践が行われました。構成主義的な学習観に基づく**CSCL**（Computer Supported Collaborative Learning）と呼ばれるコンピュータによって支援された**協調学習**が行われたのもこの頃です。

4. 2000年代以降――コンピュータ活用の発展

　2000年代以降は，1990年代に生まれたコンピュータ利用の考え方の具体化や普及，高度化が図られました。

(1) 学習指導要領

　1998年に告示され2002年以降に実施された学習指導要領では，小学校から高等学校までに**総合的な学習の時間**が新設されました。総合的な学習の時間では，「自ら課題を見付け，自ら学び，自ら考え，主体的に判断し，よりよく問題を解決する資質や能力を育てること」などをねらいとしたことから，コンピュータ活用との親和性の高さが期待されました。また，学習課題や活動として，「国際理解，情報，環境，福祉・健康」が例示され，小学校においても情報に関する学習が位置づけられました。また，同時に，高等学校には教科「情報」が新

設され，戦後初の新教科の誕生として話題となりました。

　2008 年に告示され 2011 年以降に実施された学習指導要領では，情報教育や，教科指導における **ICT 活用** などの一層の充実が図られました。コンピュータ活用を含む意味での ICT 活用という表記が定着したのもこの頃です。とくに同解説においては，ほとんど全ての各教科等において ICT 活用に関する記述がなされ，**情報モラル** に関する記述も大幅に増えました。

　2018 年に告示され 2020 年以降に実施された学習指導要領では，情報活用能力の育成，プログラミングに関する学習が示されました。また，「コンピュータや情報通信ネットワークなどの情報手段を活用するために必要な環境を整え」という ICT 環境の充実に関する記述がなされるに至りました。教育の目標や内容を記述するための学習指導要領において，ICT 環境整備の重要性が示されたことは，整備水準の低さ，地域間格差が深刻な問題になっているという認識の表れといえます。それを受けて，2018 年に公表された第三期教育振興基本計画では ICT 環境整備の充実が示され，2019 年の児童生徒 1 人 1 台端末などを整備する **GIGA スクール構想** が続きました。

（2）コンピュータ技術の発達

　2001 年の Windows XP の普及以降から，予期せぬトラブルや再起動といったことが大幅に減り，現在の活用イメージと似たものとなりました。これ以前は，「数分おきに保存ボタンを押す」といった指導が行われることもあるほど，コンピュータは信頼性の低いものでした。インターネットや Wi-Fi の実用的な意味での普及は 2000 年以降です。

　現在においては，トラブルも少なく，ノートパソコンで，ワイヤレスで高速インターネットに接続して活用するのが前提で，こうした環境でなければ，学習に活用することが困難であると感じる方も多いかと思います。このように考えれば，学校で活用しやすいコンピュータとなったのは 2000 年以降と考えられます。その一方で，コンピュータやインターネットの活用が一般化していくことで，**情報セキュリティ対策** や **個人情報保護** への対応が求められることとなりました。個人情報の保護に関する法律が成立したのも 2003 年のことです。多くの人が活用するための制度やルールが次々と生まれていきました。

5. 歴史的経緯からみたコンピュータ活用の課題と展望

　第1章で紹介したPISA2018（生徒の学習到達度調査）において，我が国は，「学習」でのデジタル機器の活用頻度が複数項目で最下位であった一方で，ゲームやチャット（LINE等）の活用では1位でした。また，TALIS2018（国際教員指導環境調査）では「生徒は課題や学級での活動にICTを用いる」は最下位の台湾に次ぐ順位でした。学校のみならず，PIAAC2013（国際成人力調査）においても，読解力や数的思考力は1位であるものの，「ITを活用した問題解決能力」は10位でした。我が国は，児童生徒のみならず，社会人においても，コンピュータをはじめとしたICTを上手に活用できない実態があります。学校におけるコンピュータの環境が国際的に低水準であるという1983年の指摘から，2019年のGIGAスクール構想に至るまで低位であったことも起因しているでしょう。

　もし，1970年頃から始まったコンピュータ活用が効果的に行われていれば，あるいは，実用的にコンピュータが活用できるようになった2000年以降からでも着実に実施されていれば，こうした結果にならなかったといえるでしょう。

　振り返れば，今後の教訓につながることがいくつか得られます。

（1）効果として何を測定するか

　コンピュータを活用したいつの時代の実践においても，学習に関する効果があったという成果が示されています。しかし，その後，そうした活用が定着しないことは，多くの学校関係者が役立たないとみなしている結果であり，やはり本質的な効果があったとはいえません。つまり，学習場面における効果だけをみれば効果が得られても，その効果を得るための準備や費用が見合わなかった事例が多くみられます。もちろん，単に新規導入の期待に応えるといった**ホーソン効果**もあったとは考えられますが，コンピュータは便利で楽に使えるものではなかったという問題が大きかったことでしょう。

　現在は，エビデンスが重視されており，効果といった根拠がますます問われています。しかし，例えば，近年のデジタル教科書における紙かデジタルかといった論争においては，逆のことが起こっているように思います。ここでも学

習効果が話題となり，そして，限定的な学習場面のみが比較対象になります。この時，多くの調査結果でデジタルのほうが旗色が悪いようですが，制作・改訂から子供の手に届き，持ち運びといった日常活用まで総合的な効果で判断したわけではありません。出版市場規模において紙書籍は微減が続き，今やコミックにおいては電子書籍のほうが上回っています。さらに，若年層を中心に動画視聴で様々なことを学習する時代にあって，とくに個人差が生まれやすい学習内容については，動画で繰り返し視聴したり，自分のペースで視聴したりしていく，そうした学習が始まっています。むしろ，ライフスタイルや学習スタイルの変化が，デジタル教科書を要求しているとも考えられます。

　つまり，デジタルで学ぶ時代，人生100年の時代の到来にあっては，次々新しくなっていく情報メディアを使いこなしながら自ら学び続ける力も求められています。紙であれ，デジタルであれ，教科書に書かれている字面をテストするだけでは効果を測定したことにはなりません。狭義な学習効果のみならず，総合的な効果の検討が必要であるといえます。そして，その効果は，その後も継続して活用され続けるに値する効果であるかをチェックすべきでしょう。

（2）資質・能力の育成とコンピュータ活用

　CAIから，現在あるEdTech教材に至るまで，こうしたコンピュータで学ぶ教材は，とくに，低位な知識・技能の習得を狙ったものといえます。これらは入試や定期テスト，客観テストなどで求められる資質・能力の多くをカバーし，個別に学ぶことができ，むしろ教師が授業で教えることよりも効率がよく，教師不要といった論調が40年以上続いています。当初よりも，カラーも，動画も，AIも活用できますので，より質が高い学習法に発展しています。いよいよ，この領域の学習は，コンピュータに置き換わるときが迫っているかもしれません。

　一方，従来から取り組みつつも大きな普及をみていない，いわゆる思考力・判断力・表現力等といった高次な資質・能力の育成にコンピュータをどのように活用していくかが，今後の焦点となります。

　一つ目に，この領域は，基本的には，複合的で総合的な様々な学習活動の繰り返しによって育まれると考えられていますので，コンピュータを活用する行為そのものだけで育むことは困難であるといえます。むしろ，情報を集めたり，

まとめたり，伝えたりする学習プロセスをコンピュータで支援することになります。よく言われるように，**手段やツールとしてのコンピュータ利用**です。しかし，以前から手段だとは主張するものの，コンピュータらしい活用，コンピュータならではといった活用を追い求め，それは結局，コンピュータ活用そのものを目的としている実践となり，普及に至っていません。コンピュータの有無に関係なく，それぞれの学習活動の本質的な目的があるはずです。例えば，協働学習そのものを目的にするのではなく，情報を集める活動を充実させるためにコンピュータを活用したり，子供どうしが協働したりするイメージです。こうした一連の学習活動を一層効果的にするためにコンピュータを支援的に活用していくことに，これまで以上に目を向けるべきでしょう。

　二つ目に，こうした資質・能力の育成における学習活動は，子供１人１人の興味や関心，目的に応じますので，複線化しており，学習成果も個別のものになります。指導者として，こうしたプロセスや最終成果を適切に把握して助言をしていく必要があります。定期テストのような総括的な評価だけではなく，子供１人１人の学習活動を把握した形成的な評価が重視されます。全ての学習プロセスや成果が記録されるようになったクラウドが活用できるようになったことで，こうした**個別最適な学び**を支援しやすくなりました。

　三つ目に，１人１人が課題をもって取り組めば，当然，助言を求めたり，意見交換をしたりしたくなります。いわゆる**協働的な学び**です。教室内で対面で行う際も，直接尋ねる前にそれぞれの成果を閲覧したり，閲覧しながら話し合ったりもできます。これもクラウドで一層実現しやすくなりつつあります。

　GIGAスクール構想では，社会人が日頃から問題発見・解決をしているのと同じコンピュータ環境が多くの地域で導入されました。子供専用システムの活用で大きな普及に至る成果が得られなかった過去がありますが，今回は，この点が大きく異なります。未来はどうなるか楽しみです。

調べてみよう・議論してみよう

①教育でのコンピュータ活用の未来はどのようになっているのでしょうか。授業，学校生活や家庭生活，未来のコンピュータの姿など，検討してみましょう。

第 4 章

教育における先端技術の活用・STEAM

瀬戸崎典夫

┌─ ⌐ KEY WORDS ─────────────────────
教育ビッグデータ，AI，機械学習，LMS，適応学習，EBPM，VR，MR，
体験型教育，遠隔教育，可視化教育，STEAM教育
└─────────────────────────────────

1. 先端技術の活用の意義

文部科学省（2019）は，「新時代の学びを支える先端技術活用推進方策（最終まとめ）」において，Society5.0 に向けた人材育成に向けて，**教育ビッグデータ**や AI，IoT，VR・AR などの**先端技術**を積極的に教育現場で活用していく指

図 4-1　先端技術，ビッグデータを活用することの意義（文部科学省，2019）

針を示しました。また，先端技術・教育ビッグデータを活用する意義について，「これまで得られなかった学びの効果が生まれるなど，学びを変革していく大きな可能性がある」と述べたうえで，図4-1のように期待できる具体的な学びの効果をまとめています。さらに，令和元年から「新時代の学びにおける先端技術導入実証研究事業」が展開され，実証地域や企業による成果報告および先端技術の紹介が掲載されています（文部科学省，2021）。

　GIGAスクール構想によって，ICTを日常的に活用できる環境整備が進み，一歩一歩，できることから取り組んでいる学校や自治体が多いのではないかと思いますが，本章では少し未来のことも見据えながら，先端技術の活用による新たな学びの可能性と期待について言及します。

2. 教育ビッグデータの活用とAIによる個別最適化

（1）人工知能（AI）とは

　2010年を過ぎた頃から，第3次AIブームとも言われるように，**人工知能**（**AI**：Artificial Intelligence）の話題を頻繁に耳にするようになりました。現在，画像認識による顔認証や，iOSに搭載されたSiriに代表される音声対話システム，自動運転など，私たちの身近なところでもAIは一般的に利用されるようになりました。最近は，AIが搭載されたスマート家電を見ることも珍しくはないと思います。

　このように，AIという言葉はよく聞くようになったのですが，実のところ，その正体がよくわからないという人も多いのではないでしょうか。

　松尾（2015）は，「人工知能は『人工的につくられた人間のような知能』であり，人間のように知的であるとは『気づくことのできる』コンピュータ，つまり，データの中から特徴量を生成し現象をモデル化することのできるコンピュータという意味である」と定義しています。一方，専門家13人による人工知能の定義を取り上げ，専門家の間でも明確に定義が定まっていないとも述べています。また，情報処理学会（2019）は「人工知能とは『コンピュータで人間のような賢い情報処理をすること』である。しかし，厳密な定義があるわけではなく，人により，時代により色々な捉え方をされている」と定義しており，

研究者のスタンスや時代の流れによって，人工知能（AI）の捉え方が多様であることがわかります。

（2）AIの技術

　次に，第3次AIブームの象徴的な技術でもある，**機械学習**（machine learning）について，ホルムスら（2020）を参考にして，少しだけ説明します。機械学習は，事前に従うべき手順（何をすべきかの正確なプログラム）を与えなくても，何をすべきかを学習する能力をもっています。また，出力に直接つながる命令（プログラム）の代わりに，新しい結果を予測するための大量の入力データを必要とします。つまり，機械学習のアルゴリズムは，データを解析してパターンを特定し，モデルを構築して，将来の値を予測することができます。

　さらに，機械学習における**教師あり学習**（supervised learning）と**教師なし学習**（unsupervised learning）について説明します。「教師あり学習」は，事前に人間によってラベルづけされたデータを訓練データとしてAIに与え，正しい分け方ができるように学習させます。AIは，データをラベルにリンクする関数を特定し，そこから新しい類似データに適用できるモデルを構築することができます。一方，「教師なし学習」では，事前にラベルづけされていないデータがAIに与えられます。したがって，AIは与えられたデータの中に隠れた一定のパターンや，新しいデータを分類することができるクラスター（集団）を明らかにすることを目指します。

（3）AIによる個別最適化の可能性

　それでは，前述したAIの技術を利用して，どんなことができるのでしょうか。あらゆるモノがインターネットに接続される**IoT**（Internet of Things）や，各種センサの発展に加えて，**学習管理システム**（**LMS**：Learning Management System）によって，児童・生徒から教育ビッグデータを収集・蓄積することができます。さらに，AIはそれらのデータを利用して，様々なことを学習することができます。例えば，テストの正答率や，間違えた問題の間違え方，学習時間や学習回数などの**スタディ・ログ**を分析することで，その子に最適な学習や，教師にとっての最適な指導方法をレコメンドすることができます。つまり，学

習者1人1人に個別最適化された**アダプティブ・ラーニング**（**適応学習**）の実現が可能となるのです。また，クラスのリーダーや優等生，成績不振な子供や問題行動をとる子供は目につきやすい反面，それ以外の子供には目が届きにくいということがあるかもしれません。そのような場合に，問題が顕在化されない限り，見過ごされてしまうということも起こり得ます。そういった場合にも，スタディログに加えて，日々の生活に関する履歴である**ライフ・ログ**を解析することによって，問題の早期発見や最適と思われる手立てにつながるかもしれません。AI技術を活用することによって，各教師による個別の実践知だけではなく，**科学的視点が加わった根拠に基づく指導や評価**（**EBPM**：Evidence-Based Policy Making）などが行えるということです。

　学校教育においても，すでにAI型タブレット教材のQubena（キュビナ：https://qubena.com/）が利用されるなど，自治体や学校での導入事例があげられます。また，AIを用いて「自分専用カリキュラム」を提供するatama+（https://www.atama.plus/）が学習塾を中心に活用されるなど，教育分野におけるAIの活用は身近なものとなりつつあります。教室の子供たちが同じペースで学習し，同じ問題を解き，家庭学習として同様の宿題をするだけではなく，個人の発達段階や習熟状況，学習スタイルによって**個別最適化された学び**が現実的になっているともいえるのではないでしょうか。

3. VR・ARの教育利用と未来の学び

(1) VR・AR，MRとは

　VR（Virtual Reality）は，「それがそこにはない（現前していない）にもかかわらず，観察する者にはそこにあると感じさせる（同一の表象を生じさせる）ものである」と表現されます（館ら，2010）。適切な日本語訳があるわけではなく，そのまま「バーチャルリアリティ」と表記するほうが適切であり，あえて日本語に訳すのであれば，「人工現実感」という言葉がよいとも述べられています。

　また，実環境（real environment）とVR環境（virtual environment）とが相互に関連する世界を構成する考え方として，**複合現実感**（**MR**：Mixed Reality）が

図4-2 複合現実感のスペクトル(Milgram & Kishino, 1994)

あります。ミルグラムら（Milgram & Kishino, 1994）は，複合現実感を**拡張現実（AR**：Augmented Reality）から**拡張VR（AV**：Augmented Virtuality）までを包括する広い概念と位置づけています（図4-2）。AR（拡張現実）とは，現実環境にVR環境の情報を重ねて表示することで，現実環境における活動を支援する概念のことであり，ARはMRに包括される概念であると解釈できます。なお，聞き慣れない言葉ですが，AV（拡張VR）とは，VR環境に現実の物や環境を実時間でモデル化し，統合することで，VR環境の現実感の向上や現実世界との連携のための概念です。

（2）バーチャル環境を実現する情報端末

　VRやARの技術を教育現場で利用するための情報端末をいくつか紹介します。
　まずは，**HMD**（Head Mounted Display）です。HMDを使用することで，実環境の視覚的な情報を遮断することができ，高い没入感を与えることができます。VR用のHMDとしては，VIVE（htc社製：https://www.vive.com/jp/）やOculus（Meta社製：https://www.oculus.com/）があげられます。2020年に発売されたOculus Quest 2は，制御PCやケーブルを不要とするスタンドアローン型のVRセットとして販売され，比較的安価であることから，教育現場への普及が期待されます。ARを体験するには，HoloLens 2（Microsoft社製）などのスマートグラスがあげられます。また，グーグルカードボードや，ハコスコを使うことで，スマートフォンアプリによるVR・AR体験が可能です。
　次に紹介するのは，スクリーン提示によるプロジェクション型です。プロジェクション型には，偏光式や時分割式があり，偏光メガネやシャッターメガネを利用することで，3次元立体視によるVRコンテンツを体験することができます。映画館や遊園地のアトラクションなどで利用されることが多く，大人数の学習者が一度に体験できるというメリットがあります。

最後に紹介するのは，タブレット端末を利用した 360 度映像による VR 体験です。上下左右 360 度の動画や静止画を撮影することができる全天球カメラが販売され，タブレット端末用のアプリや YouTube での 360 度コンテンツが充実してきたこともあり，学校での簡易的な VR 体験として期待されます。

（3）効果的な教育利用

VR・AR 技術の効果的な教育利用として，「体験型教育，遠隔教育，可視化教育」があげられます（廣瀬, 2019）。

体験型教育では，学習者に擬似体験をさせることで座学だけでは得られない学習環境を提供することができます。現実では行くことができない宇宙空間や時間軸を超えた過去の歴史体験に加えて，現実では実践することができない危険な事象を取り扱った安全教育や防災・減災教育にも活用することができます。

遠隔教育では，地理的な空間を超え，国や地域にも縛られないオンラインによる協働的な学びが期待されます。例えば，PC のブラウザでも利用できる cluster（https://cluster.mu/）や，VRchat（https://hello.vrchat.com/），Mozill Hubs（https://hubs.mozilla.com/）などのバーチャル会議の利用も比較的容易になってきました。実際に，コロナ禍の対応として，国際学会におけるオンライン開催として利用された事例もあります。また，将来的には VR と遠隔操作ロボットを組み合わせた**テレイグジスタンス（遠隔存在）**によって，遠く離れた場所にいながらも，あたかもその場所に存在しているように，物理的な介入ができる協働的な学習ができるようになるかもしれません。

可視化教育では，イメージすることができない抽象的な概念の理解に役立つと思われます。例えば，「原子」や「分子」による化学変化のようなミクロな視点の獲得にも活用可能性はあります。また，天文分野や算数・数学の空間図形など，空間認識を伴う学習内容は，学習者にとっても理解が難しく，教師にとっても教えにくいともいわれています。教科書・資料集などのアナログ教材や，2 次元のアニメーションだけでは理解が難しい立体的な事象を取り扱う学習内容においても，学習者の理解を深めることが期待されます。

4. STEAM教育による教科横断的な学び

（1）STEAM教育とは

　STEAM教育は，「Science，Technology，Engineering，Arts，Mathematics」等に関わる各教科での学習を実社会での問題発見・解決に活かしていくための教科横断的な教育のことをいいます。教育再生実行会議（2019）では，Society5.0で求められる力と教育の在り方として，STEAM教育を推進するために，「総合的な学習の時間」や「総合的な探究の時間」，「理数探究」などにおける問題発見・解決的な学習活動の充実を図ることが述べられています。また，経済産業省（2019）は，**未来の教室**ビジョンを提言し，三つの柱の一つとして，「学びのSTEAM化」を「学びの自立化・個別最適化」，「新しい学習基盤づくり」とともにあげています。さらに，ワクワクを起点とした「創る」と「知る」の循環的な学びを実現するために，「STEAMライブラリー」が公開されており（https://www.steam-library.go.jp/），教材のダウンロードや具体的な単元の進め方を閲覧することができます。

（2）教科横断的な学習における問いと教師の役割

　松原・高阪（2017）は，教科横断的な学習における各教科の統合の度合いの考え方について，「問い」の観点から表4-1のようにまとめています。

　「Thematic」では，各教科と主題となるテーマとのつながりはありますが，各教科間の直接的なつながりに焦点はありません。したがって，育成される資質・能力は教科固有のものに限定されます。教師は，各教科の枠組みにおいて体系的かつ効率的に学習を支援する必要があり，各教科と「問い」のテーマをつなげる必要があります。「Interdisciplinary」では，各教科で共通する概念やスキルによって，教科間がつながれます。また，教科間の概念のつながりの構築や，異なった文脈での学習によって，汎用的な資質・能力の獲得を目的とします。教師は，教科等を横断する概念や，汎用的スキルについて探究し，教科間をつなげるような「問い」を設定する必要があります。「Transdisciplinary」では，学習者が実世界の課題やプロジェクトに主体的に取り組むために，「本質的な問い」によって複数の教科がつながれる必要があります。したがって，教師は実

表 4-1　資質・能力の育成を重視する教科横断的な学習における問い（松原・高阪，2017）

統合の度合い	アプローチ	特に育成される資質・能力	問い			教師の役割
			内容	役割	目的	
低い	Thematic	教科に固有な概念や個別スキル	各教科の知識やスキルに関する問い	各教科とテーマをつなげる	各教科の知識やスキルの獲得	各教科の枠組みにおいて体系的かつ効率的に生徒の学習を支援すること
	Interdisciplinary	教科等を横断する概念や汎用的スキル	鍵となる概念やスキルに関する問い	教科間をつなげる	汎用的な能力の獲得	授業を受ける生徒にとって，どのような教科等を横断する概念や汎用的スキルが必要なのか教科横断的な視点から探究すること
高い	Transdisciplinary	実世界での課題を解決する能力	本質的な問い	実世界の課題と学習内容をつなげる，関連する教科をつなげる中心軸	体系的な知識を用いて実世界との関わりを意識した探究	世界や地域と関係の中で生徒にとって重要な課題や目標を設定し，現実社会の課題を教科の概念やスキルを用いて，生徒とともに探究すること

世界の課題と学習内容をつなげ，関連する教科間をつなげるような「問い」を設定する必要があります。

　以上に述べるように，STEAM教育を実践するうえで，教科横断的な視点によるカリキュラム・マネジメントの実現が重要となってきます（中川ら，2020）。また，実社会における課題解決を通して，情報を整理・活用することによる情報活用能力の育成に加えて，プログラミング教育やデータサイエンスに関する学習内容を導入することもSociety5.0に向けた人材育成として，ますます重要になるでしょう。

############################　調べてみよう・議論してみよう　############################

①先端的技術を利用した授業案を調べてみましょう。また，その授業を通して学習者のどのような資質・能力を育成することをねらいとしているか確かめてみましょう。

②さらに，①で調べた授業を実践するうえでどのような課題や留意点があるか話し合ってみましょう。

第5章　教職課程を通して身につけるICT活用指導力

森下　孟

> ○┘ KEY WORDS
> 教員のICT活用指導力，PCK，TPACK，教育の方法及び技術，情報機器の操作，大型提示装置，教育実習，遠隔・オンライン教育

学習指導要領（平成29年告示）では，「言語能力」「問題発見・解決能力」に加えて「情報活用能力」が，学習の基盤となる資質・能力に位置づきました。情報活用能力の育成を図るには，ICTを適切に活用した学習活動の充実が必要です。ICTを日々使いこなしている若い教員にこそ，先陣を切ってICTを効率的・効果的に活用した授業実践が期待されています。もちろん現職教員だけではなく，教員の卵である教職課程のみなさんにもICT活用指導力を身につけて学校現場の即戦力となることが求められています。教育実習や学校体験活動などの臨床活動を通じてICT活用授業に挑戦し，ICT活用指導力を高めましょう。

1. なぜICT活用指導力が求められるのか

文部科学省は毎年3月に『学校における教育の情報化の実態等に関する調査』を実施し，全国すべての**教員のICT活用指導力**（第8章参照）を明らかにしています。平成19年3月からの経年変化をみると，「教材研究・指導の準備・評価・校務にICTを活用する能力」や「情報モラルなどを指導する能力」は8割を超え，「授業中にICTを活用して指導する能力」も10年余りで大きく向上しました（図5-1：文部科学省，2019）。しかし，「児童・生徒のICT活用を指導する能力」はほぼ横ばいで，他の項目と比べてあまり伸びていません。GIGAスクール構想で児童生徒が1人1台端末を使用し，いつでもクラウドにアクセスできる時代を迎えるなか，さらなるICT活用指導力の向上が期待されています。

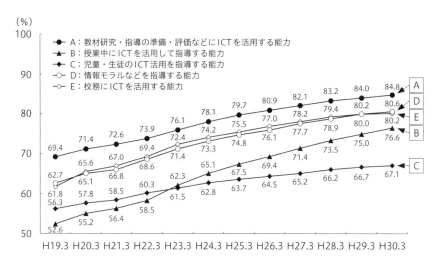

図 5-1　教員のICT活用指導力の推移 (文部科学省, 2019)

　このことは現職教員に限った課題ではありません。中央教育審議会（2021）は「学生が 1 人 1 台端末を持っていることを前提とした教育を実現しつつ，児童生徒にプログラミング的思考，情報モラル等に関する資質・能力も含む情報活用能力を身に付けさせるための ICT 活用指導力を養成すること」とし，ICT を効果的に活用した指導のノウハウを身につけ，**Society5.0** の新たな時代に対応した教員を養成することを求めています。

　では，なぜ ICT 活用指導力が求められるのでしょうか。教育のデジタル化の背景には，Society5.0 への対応といった社会的要請もありますが，学習指導要領にある「主体的・対話的で深い学び」を実現するために ICT の効果的な活用が有用であることがあげられます。

　2017, 2018, 2019 年改訂の学習指導要領では，単に「何を学ぶか」（知識・技能）ではなく，「どのように学ぶか」（学び方）を意識して「何ができるようになるか」を目指しています。つまり，教員が単に知識や技能を児童生徒に伝達するだけではなく，教育の方法を熟知し，児童生徒の発達段階や理解状況に応じて構造的に学び，その質や深まりを意識した学習をデザインする力量を身につけることを求めています。

　ショーマン（Schulman, 1987）は教員の知識について，①内容の知識，②教

科指導の際の学級経営や組織などに関する一般的な教育の知識，③カリキュラ
ムの知識，④教育的内容知識，⑤学習者やその特性に関する知識，⑥その学区
のガバナンスや財政，地域の文化やコミュニティの把握と関わる教育の背景や
文脈に関する知識，⑦教育の目的，価値，哲学的歴史的根拠と関わる知識があ
るとしています。とくに，④の**教育的内容知識**（**PCK**：Pedagogical Content
Knowledge）は，教育（教職）に関する知識（PK：Pedagogical Knowledge）と
内容に関する知識（CK：Content Knowledge）を組み合わせたものであり，「内
容の専門家とは異なる教職の専門家として教員を特徴づける従業な知識」と定
義しています。つまり，教員には教育の方法の知識と内容の知識をつなぐ力量
が必要です。PKは問題解決型学習（PBL）やジグソー法など，授業で「どのよ
うに学ぶか」の方法知識，CKは理科や数学などの教科に関して「何を学ぶか」
の内容知識であり，PCKはPKとCKを組み合わせて「何をどのように学ぶか」
を示します。例えば，社会科で文明開化を学ぶ場面において，明治維新を通じ
て日本の西欧化がどのように進んだか，幕末と明治初期の日本橋の資料写真な
どを比較して学ぶことがあげられます。
　しかし，時間は有限であり，教育的内容知識（PCK）の理論的な枠組みだけ
では，限られた時間のなかで授業をこなすことができません。授業を効果的・

図 5-2　技術と関わる教育的内容知識の枠組みとその知識の構成要素
（Koehler & Mishra，2008／小柳訳，2016）

図5-3　クラウド型共同作業ツールを活用し資料を比較・検討する学習場面
出典名：左図は「日本橋近くの様子（アンベール『幕末日本図絵』仏語初版，1870年）」©国際
日本文化研究センター，右図は「東京名所寿留賀町三ツ井店両側富嶽眺望之図」©東京都立中央
図書館特別文庫室

効率的にするためには，技術（テクノロジ）に頼ることも必要です。そこで，教育的内容知識（PCK）に加えて，技術に関する知識（TK：Technological Knowledge）を教員の力量形成の一つに捉えた概念を**技術と関わる教育的内容知識（TPACK**：Technological Pedagogical Content Knowledge）」と呼びます（図5-2）。TKには，教科書やチョーク，黒板に加え，コンピュータやインターネットなどの高度なICT活用に関する知識や操作スキルも含まれます。前述の社会科の文明開化の例でいえば，幕末と明治初期の日本橋の資料写真をクラウド型共同作業ツールに載せて，クラス全員がそれぞれの資料写真から発見したことを書き出すことで子供たちどうしで意見を共有することができます。教員が知識を伝達しなくても，出てきた意見を比較・検討することで，日本の西欧化によって何がどのように変化したのかをクラス全体で構造的に学ぶことができるのです（図5-3）。

2. 教職課程でどのようにICT活用指導力を身につけるか

　表5-1はICT活用指導力を身につけるために定められた教職課程科目とそれに対応したTPACKの一覧です。
　教職課程編成時の参考指針を示した「教職課程コアカリキュラム」では，「各

表 5-1　ICT活用指導力を身につけるための教職課程

科目名	教職課程コアカリキュラム		教育職員免許法 施行規則第 66 条の 6
	各教科の指導法 保育内容の指導法	教育の方法及び技術	情報機器の操作
内　容	何をどのように指導等すればよいか，ICTの有無によらず教育的方法を学ぶ。当該教科・領域の特性等に考慮した効果的なICT活用法を理解し，授業設計や保育を構想できる。	ICT活用の技術的方法やその意義を考える。授業のねらいを達成するために，どのようなICT機器が活用でき，なぜ活用するか，どのような効果が期待できるかなどを説明できる。	授業で用いるICT機器に関する技術的な知識や技能を学ぶ。ICT機器を活用することで児童生徒の意見を交換したり，考えを深めたりする手段を身につけて学習活動を想像できる。
TPACK	教育的内容知識（PCK）	技術と関わる教育的知識（TPK）	技術に関する知識（TK） 技術と関わる内容知識（TCK）

　教科の指導法」及び「教育の方法及び技術」の中に，「当該教科の特性に応じた情報機器及び教材の効果的な活用法を理解し，授業設計に活用すること」や「情報活用能力の育成を視野に入れた適切な教材の作成・活用に関する基礎的な能力を身に付ける」ことが盛り込まれ，教職課程を終えるまでに基礎的・基本的なICT活用指導力を習得することになっています。なお，教職コアカリキュラムは2021年に改訂され，本書が対象とする「情報通信技術を活用した教育に関する理論及び方法」が必修となるなど，さらに強化されています。また，教育実習での実地授業や教職実践演習での模擬授業は実践的・体験的にICT活用指導力を高めるのに有効です。これらの科目でICT活用教育の知識や技能を身につけ，教育実習などで積極的にICTを活用してみましょう。

（1）各教科の指導法・保育内容の指導法

　ICT機器の操作スキルがどれだけ高くても，教科内容や保育内容に適して活用することができなければ，ICTの良さを最大限に活かすことはできません。単にTKに注目して技術を高めるのではなく，内容（教科内容）に関する知識（CK）と関連した技術と関わる内容知識（TCK）の習得が大事になります。

　図5-4はGoogle Workspace for Educationを活用した模擬授業の様子です。修学旅行のスケジュール決めで「スライド」を活用しています。グループ内で議論し，情報を精査して発表スライドを共同編集します。他のグループの情報もリアルタイムで見ることができ，それらの考えを知り，自分たちの考えに取り

図 5-4　共同編集ツールを用いた模擬授業　　図 5-5　大型提示装置への接続演習

入れることもできます。これは他者の考えを参考に自らの考えをブラッシュアップすることで，様々な課題解決のために「話し合い，合意形成を図ったり，意思決定したりすることができるようにする」ことをねらう特別活動の目標達成を助けます。このように教科内容や保育内容に照らし合わせ，その目標達成に向けて技術（テクノロジ）をどのように活用するかを意識しましょう。

(2) 教育の方法及び技術

　ICT を単に使うことだけを目的としてはいけません。それは鉛筆や消しゴムを使うことだけを目的とした授業がないのと同じです。鉛筆や消しゴムが学習活動に意味を持っているように，ICT 機器にも学習活動で用いる意味があり，ICT 活用することによってその効果が期待できるためです。例えば，プレゼンテーションソフトを活用して簡単な**フラッシュ型教材**を作成するとします。授業でよく使われるフラッシュ型教材は，紙で用意することもできますが，ICT を使うことで問題内容をすぐに書き換えたり，簡単に図表を示したりすることが可能になります。ICT 機器の特性を理解し，「なぜ」「どのように」活用するのかを考えることが大事です。

(3) 情報機器の操作

　ICT を活用した授業の第一歩は，電子黒板やプロジェクタなどの**大型提示装置**にコンピュータの画面を映すことから始まります。学校現場で滞りなくコンピュータを大型提示装置に接続するためには，ケーブルの種類（HDMI や D-Sub

など）や特徴（音声出力の有無），投影の仕方（複製／拡張モード）を理解する必要があります。大型提示装置に接続した後も，チャンネルが正しいか，音量は適切かなどチェックすべき要素はたくさんあります。どれも知らなければ授業進行上の妨げになってしまいますが，繰り返し練習することで使用することに慣れてきます。文書作成や表計算ソフトウェアの操作スキルだけではなく，自分のコンピュータを実際に大型提示装置に接続する体験（図5-5）を通じて，ICT活用授業に取り組むための自信を持ちましょう。

3. 実践的なICT活用指導力はいつ身につくのか

　教育実習生は，**教育実習**で少なくとも1回以上，ICTを活用した授業を行うことで，ICT活用指導力を高めることができます（森下ら，2018）。教育実習や教職実践演習はもちろん，研究室ゼミでの模擬授業など，わずかな時間でもICT機器を活用した授業実践が行える機会を活用して，積極的にICT活用授業を行うことがICT活用指導力を高めるために重要です。

　図5-6は，ある教育実習生が協働学習支援ツールを活用し，児童1人1台端末と大型提示装置によって，クラス全員の意見を共有した場面です。クラスの意見を構造化して捉えることで自分の考えや学びを深めることにつながります。「教育の方法及び技術」で理論として学んだ協働学習のあり方を，「情報機器の操作」で学んだICTスキルを活かして実践しています。

　また，中央教育審議会（2021）では，「ICTを活用しつつ，教師が対面指導と家庭や地域社会と連携した遠隔・オンライン教育とを使いこなす（ハイブリッド化）ことで，個別最適な学びと協働的な学びを展開」することを求めています。**遠隔・オンライン教育**は，一朝一夕にできるものではなく，日々の経験の積み重ねが必要です。ましてや，学校現場では他の教員も自分たちの授業で手一杯であり，現場に出てから教えてもらうことはなかなか難しいでしょう。その点，教育実習や学校体験活動では，実習校の指導教員からのオンライン授業のサポートや，大学の指導教員からの教育的な面に限らず，技術的な面のサポートなどを受けることができます（図5-7）。遠隔・オンライン教育の効果を知るためには，余裕のある環境のなかでテレビ会議を活用した遠隔授業支援などを

図5-6　教育実習でのICT活用授業場面　　図5-7　オンライン授業体験の様子

教職課程で実体験することが必要です。

　さらに，ICT活用指導力は自主的に身につけることもできます。最近では，Google認定教育者やApple Teacher，マイクロソフト認定エデュケーターなど，教育分野でICT活用サービスを有効利用できることを認定する資格が登場し，それらを有していることが教員採用時の加点条件になっている自治体もあります。教職選択科目の中でこれらの資格を取得させている大学もあり，今後ますます注目されていくことでしょう。

　TPACKは，ICT機器を活用し効率的・効果的に「主体的・対話的で深い学び」を実現するために必要な概念です。教職課程の各科目でICT活用に必要な知識や技能を身につけ，教育実習や学校体験活動などの実践経験を積み，Society5.0の新たな学びに向けてICT活用指導力を確かなものにしていきましょう。

//////////////////////////// 調べてみよう・議論してみよう ////////////////////////////

①最新の『学校における教育の情報化の実態等に関する調査結果』をもとに，あなたが住んでいる都道府県・市町村の学校のICT環境整備状況や教員のICT活用指導力を調べて，どのような点に特徴があるか考察してみましょう。

②GIGAスクール構想における1人1台端末を活用した事例を1つ取り上げ，TPACKの枠組みで関連する事項を分析してみましょう。

第 6 章

特別支援教育における ICT活用

水内豊和

- ◌┛ KEY WORDS ---

特別支援教育，自立活動，AT，AAC，合理的配慮，学びのユニバーサルデ
ザイン，アクセシビリティ機能，デジタル・シティズンシップ，プログラ
ミング教育

1. 特別支援教育とは

平成18年6月に学校教育法等の改正が行われ，平成19年4月から，障害の
ある児童生徒等の教育の充実を図るため，従来，障害種別ごとに設置されてい
た盲・聾・養護学校の制度を，複数の障害種別を教育の対象とすることのでき
る「特別支援学校」の制度に転換するとともに，小・中学校等に在籍する教育
上特別の支援を必要とする児童生徒等に対しても，適切な教育である**特別支援
教育**を行うことが明確に位置づけられました。

小・中学校においては，特別支援学級設置数の増加，平成18年度より**通級に
よる指導**の対象障害種にLD，ADHDを加えたことなどにより，障害のある児
童生徒の受け入れ機会が増加しています。さらに平成30年度より高等学校にお
いても通級による指導が制度化されました。また小・中学校の通常の学級に在
籍している児童生徒のうち，LD，ADHD，自閉スペクトラム症等の発達障害
があることにより学習や生活の面で特別な支援が必要な児童生徒が約6.5%，つ
まり35人学級であれば2〜3人程度の割合で存在する可能性があり（文部科学
省，2012a），これらの児童生徒に学校としての適切な対応が求められています。

これらのことに伴い，小・中学校，高等学校においては，障害のある児童生
徒に対し，通常の教科等の学びはもちろんのこと，障害による学習上または生
活上の困難を主体的に改善・克服するために，従来は特別支援学校だけに特別
に設けられた領域である**自立活動**の視点をもって教育的支援を行うこととなっ

ています。したがって，特別支援教育に関する知識・理解と指導スキルは，今日，すべての学校教員にとって必要不可欠なものなのです。

2. 特別支援教育の進展とICT活用の推進

特別支援教育におけるICT活用は，従来より支援技術（AT：Assistive Technology）や拡大・代替コミュニケーション（AAC：Augmentative & Alternative Communication）などといわれ，とくに，主として身体障害や言語・コミュニケーション障害のある児童生徒を中心に，困難さのある機能の補助・代替手段として積極的に取り組まれてきました。例えば，脳性まひや自閉スペクトラム症があって話し言葉に困難がある子供に**VOCA**（Voice Output Communication Aid）という録音した音声をスイッチを押すことによって再生できる各種の機器を用いて家族や支援者とのコミュニケーションを促進し，学習や生活を豊かにする取り組みは1950年代にはすでに実践報告がみられます。2010年ごろよりタブレット端末の普及とともに，今日このようなVOCAは，従来の単一機能で高額かつ大きく重たい機器ではなく，タブレット端末上で動作する一つのアプリとなり（例えば**DropTalk**），筐体も小さく安価で，かつ子供の実態に合わせて柔軟な設定ができるようになっています。そのため，iPadをはじめとするタブレット端末やそのアプリは，今日では，特別支援学校を中心に，AACとしての活用だけでなく，学習上や生活上の様々な困難に対する支援に用いられています。なお，特別支援学校に就学する際の経費の一部を助成する**就学奨励費制度**があり，従来は通学費や学用品などが支給対象でしたが（支給要件や支給上限は自治体や世帯収入によって異なる），平成26年度からは高等部ではiPadなどのICT機器もその対象となりました。また，GIGAスクール構想の実現のための整備事業費には，仕様を満たす学習者用コンピュータだけでなく，障害のある児童生徒に応じた**特殊マウス，入力支援スイッチ，点字ディスプレイ**等の入出力支援装置の整備のための費用も含まれています。

一方で，小・中学校の通常学級におけるICT活用については，他の児童生徒との公平性についての考えや，教員のICTスキルの不足から，まだまだ使用に消極的な自治体や学校が少なくありません。しかし，2006年に国連総会におい

て採択され，日本が2014年に批准した「障害者の権利に関する条約」第24条教育においては，締約国は「障害者が教育に完全かつ平等に参加し，及び地域社会の構成員として完全かつ平等に参加することを容易にするため，障害者が生活する上での技能及び社会的な発達のための技能を習得することを可能とする」こと，そしてそのために「点字，代替的な文字，意思疎通の補助的及び代替的な形態，手段及び様式並びに定位及び移動のための技能の習得並びに障害者相互による支援及び助言を容易にすること」等が示されています。さらにこれを受けて文部科学省が示した学校における**合理的配慮**の具体例においても，「点字，手話，デジタル教材等のコミュニケーション手段を確保」，「一人一人の状態に応じた教材等の確保（デジタル教材，ICT機器等の利用）」（障害共通事項），「個別指導のためのコンピュータ，デジタル教材，小部屋等の確保」（LD等発達障害への事項）などが挙げられています（文部科学省，2012b）。さらには今日，大学などの高等教育機関においては，障害のある学生等が，ノートテイク用の端末やアプリ（例えば**UDトーク**）の使用や，板書をスマホのカメラで記録するなどのケースが合理的配慮としてみられます。こうした生涯にわたる学びの場の保証という点でも，小・中学校，高等学校において，児童生徒の実態に応じた合理的配慮の提供と，その一手段としてのICT活用が求められます。

　また**学びのユニバーサルデザイン**としてのICT活用は合理的配慮以前に大切なことです。OHCやカメラを活用して教科書の注目すべきところを大写しにする，テストや配布プリントは**UDフォント**を使用する，**色覚特性**に配慮して教材を作成する，活動時間を明示化するため各種の**タイマーアプリ**を提示するなどは，障害の有無にかかわらず誰にとっても有効な学びを保証する支援です。

3. 子供の実態把握とICT活用

（1）ICT活用のメリットとデメリット

　障害のある子供だから一律ICT活用が有効というわけではありません。例えば水内ら（2018）は，知的障害特別支援学校の中学部の体育科「立ち幅跳び」の指導において，跳躍の師範動画を大画面モニタに図示アプリ（例えばCoachMyVideo）で注意点を描き加えながら再生し跳躍方略の理解を促進する，

跳躍の一連の動作を側方から撮影したものを生徒の眼前にモニタで提示して自身の動きをリアルタイムで確認させる，跳躍時の様子をタブレット端末に動画撮影しすぐに生徒にフィードバックするなど，随所にICTを活用した指導を行いました。その結果，ほとんどの生徒が自分にあった跳躍方略の選択とあいまって，ICT導入後の計測において跳躍距離を伸ばすことができました。しかし一部の生徒には自閉スペクトラム症特有の感覚過敏やこだわりといった特性によりICT活用がパフォーマンスに妨害的に働き，距離が縮んだものや跳躍そのものを躊躇ってしまうものもいました。このことから，とくに，障害のある子供の教育におけるICT利用に際しては，1人1人の子供の実態把握に基づき，教育的ニーズやねらいとの適合性をよく考える必要があります。

(2) 個に応じた支援とICT活用の例

　A子は，通常学級に在籍する，LDの診断のある，読み書きに苦手さを持つ小学4年生の児童です。A子は，決められた時間内で板書を書き写す際，写し間違いや乱雑な字になってしまうため，とくに帰りの会の前に短時間で視写することが求められる連絡帳は，後から読み返すことができず，宿題や持ってくるものがわからないことが多くありました。そこでiPadの**メモアプリ**から写真を撮ると，黒板に対して斜めの座席から撮影しても自動で台形補正してくれるため，先生の書いた読みやすい文字による写真メモで連絡帳を作成でき，その結果，忘れ物も減りました。読みに関する困難については，まずは読みに対する苦手意識を払拭するために，学年相応のデジタル教科書ではなく，A子の好きな絵本の**マルチメディアDAISY教材**をつくって，家庭学習用に提供し，音声読み上げと反転強調という視覚・聴覚のマルチモーダル（感覚）を利用した教材で，読みものの楽しさを味わうところから支援を始めました。

　一方，同じく読み書きに困難のある社会人のBさんは，スマホやタブレットに標準的に搭載されている**アクセシビリティ機能**を上手く使えば，新聞のデジタル版を**ボイスオーバー機能**により合成音声で読み上げることができ，自分で読まなくても聞くことで情報を得ています。新聞や雑誌などの印刷された紙の新聞や雑誌であっても，**MicrosoftLens**などのアプリを用いたら，写真撮影→OCR→Word化という作業を自動化しテキストファイルにできます。

　A子のように，子供が学習初期の段階で読み書きにつまずきを感じることは，学習意欲を低下させてしまい，学習が積み上がらないだけでなく，次につながる新たな学習におけるつまずきを生む要因となってしまいます。また，学習に対する意欲だけでなく，「読めない・書けない」ことから「できない・わからない」思いを持つことは自尊感情の低下ももたらします。そのため個々の子供の実態把握とそれに基づく適切な支援のための方略としてICT活用が求められます。他方，Bさんのように大人であれば，生活に必要な読み書きは，学習指導要領に基づき教科書に沿って行うものとは異なり，ICT機器を用いてでも他者とコミュニケーションをとり，社会生活を円滑にする上で必要な情報を得ることができ，楽しく豊かな生活ができることが目的となります。つまり，**学習指導のための読み書き**と**生活支援の読み書き**は連続線上にあります。そのウエイトはライフステージや読み書きが求められる文脈によって異なりますが，いずれにしても，努力や根性で読み書き困難を克服するのではなく，実態把握に基づくオーダーメイドの支援が重要であること，その方途の一つとしてICT活用が求められること，そのねらいとするところは，障害のある当事者にとってのQOL向上であり，「**あたりまえへのアクセス**」であることは間違いありません。

　ソフトバンク株式会社と東京大学先端科学技術研究センターが2010年から進める実証研究事業「**魔法のプロジェクト**」は，携帯情報端末を教育現場に貸与して困りを持つ子供の学習や社会参加の有効性を検証し公開しています。ここでは表6-1に示すように，障害種別と利活用想定から導かれるアプリと，それらを用いた豊富な指導実践が閲覧できます。また通常の小・中学校，高等学校に通う，学習面で困難さを抱える児童生徒のための合理的配慮の考え方とICTを用いた支援の具体例については，福井県特別支援教育センター（2020）の作成した資料が大変参考になります。

4. ICTの活用推進における留意点

　現在，知的障害や発達障害のある生徒の多くがスマートフォン（スマホ）などの情報端末を所持し使用しています。しかし，彼らが抱えるICT機器活用上の問題も決して少なくなく，障害の特性に起因するマナー理解の不足や騙され

表6-1　障害種別・アプリ種別ごとの利活用想定（魔法のプロジェクトWebサイトより）

障害種別	アプリ種別ごとの利活用想定	
知的障害，知的障害を伴うASD	電子メール	ビデオ会議／動画配信／チャット
知的障害を伴わないASD	ブラウザ／ネット検索／辞書	音楽再生
読み書き障害（ディスレクシア，ディスグラフィア）	コミュニケーション・エイド	録音
注意欠如多動性障害（ADHD）	地図／GPS	デジタル教科書／教材
肢体不自由	メモ帳／ワープロ	シンプルテクノロジー／おもちゃ
聴覚障害	音声認識	時間管理
構音障害	概念マップ（マインドマップ）	プレゼンテーション／スライド
視覚障害	ペイント／お絵かき	ファイル共有
記憶障害	カメラ／画像閲覧	アクセシビリティ機能
病弱		
重度重複障害		

やすさ，それらに基づくトラブルについての報告も多数みられます。こうした問題への解決として，特別支援学校でも，情報モラル教育（第18章を参照）が実践されています。しかし，トラブルへの対処を想定した**ソーシャルスキル・トレーニング（SST）**のような指導や，本人のやりたい気持ちに対して「スマホ依存は悪」という価値を押しつけ，制限ばかりを強要することに終始しているのが現状です。子供たちはPCやスマホを使うスキルがあり，また様々なことに使いたいという欲求を持っているものの，保護者からは「寝た子を起こすな」的な理由のために過剰ともいえる**ペアレンタル・コントロール**がかけられています（鶴見ら，2014）。島田・水内（2015）は，携帯電話・スマホを所有しているものの，その利用に際し例えばSNSなどで様々なトラブルを抱えている知的障害者のQOL，IQ，社会的適応行動の状態との関連を調べた結果，本人たちは携帯電話・スマホを活用した生活についてのQOLは高く，またスマホ利用に直接的にかかわるスキルこそ有しているものの，心の理論の獲得の難しさやコミュニケーションの困難などの障害特性に起因した社会生活上のマナーやモラルの習得が乏しい傾向にあることを明らかにしています。そのうえで，技術革新によりICTの操作が今後ますます容易になっていく反面，その操作の結果生じるであろう影響（特にネガティブな影響）への予測は，もはや本人はもとより保護者も教師もできていません。

　近年注目されている**デジタル・シティズンシップ**は，従来型の他律的で抑制的な情報モラルとは異なり，使用する権利の行使者であることを尊重したポジ

ティブな考え方に基づいています。ますます加速化していく情報化社会に生きる障害のある子どもたちに対し，情報アクセスへの真の機会の平等を考える上で，幼少期から障害特性に応じてどのようにして情報活用能力を習得していけばよいのか，デジタル・シティズンシップの視点から，教育や情報保障のあり方の検討が学校段階から求められています。GIGA スクール構想に伴う 1 人 1 台端末が学習者の文具として真価を発揮するためにも，障害のある子どもにおけるデジタル・シティズンシップ教育の実践の積み上げと普及は急務の課題と言えるでしょう。水内（2021）は，学習場面における教具としての効果的な ICT 活用はもちろんのこと，知的障害のある児童生徒の知的能力や理解レベルに応じて，著作権について，教師主導の規制やルールの押しつけではなく，児童生徒が主体的・自律的にデジタル・ジレンマへの対処を考える，まさに文房具，生活ツールとしての ICT との関わり方を探究する実践を紹介しています。

5. ICT だからこそできる学びも大切に

2017 年 4 月 28 日告示の「特別支援学校（小学部・中学部）学習指導要領」では，小学部において，「児童がプログラミングを体験しながら，コンピュータに意図した処理を行わせるために必要な論理的思考力を身につけるための学習活動」を計画的に実施することを求めています。これを受け，2020 年度より小学校と同様に，特別支援学校の小学部段階においても**プログラミング教育**（第17 章を参照）は取り組むべきことと位置づけられました。プログラミング教育はプログラマーを育てることではありません。しかし，プログラミング的思考が長けた人は，物事を論理的に考えることができ，例えば誰かにものを頼む際にも，その指示は的確でわかりやすいものとなります。今日プレゼンテーション能力とスキルの習得は知的障害特別支援学校でも「情報」の時間などで扱っていますが，わかりやすいプレゼンテーション作成の可否はプログラミング的思考に大きく左右されます。したがってプログラミング教育は，知的障害のある子供にとっても重要な教育内容であることは変わりません（水内，2020）。

　知的障害のある生徒が特別支援学校高等部の卒業後に就く仕事の内容としてよくある清掃やお菓子づくりなどは，近い将来 AI により無くなってしまう可能

性が指摘されています。就職のために PC スキルを教えるだけでなく，これからの AI 時代を生き抜くためにも，タブレットやロボット，遠隔会議アプリなどの ICT に触れさせてほしいと考えます。山崎・水内（2020）や Mizuuchi et. al.（2020）は，**RoBoHoN** や **Pepper** といった人型 AI ロボットを用いて自閉スペクトラム症のある子供のコミュニケーション指導を行いましたが，その過程で自発的にプログラミングを習得したり，AI とのやり取りを通して人との関わりに興味関心を移行することができました。また **OriHime** という遠隔通信ロボットや **Zoom** を用いた遠隔地との交流（山崎ら，2021）は，これからの時代の交流及び共同学習のやり方のスタンダードの一つになるかもしれません。

　他にも，**ドローン**を用いることで，車椅子ユーザーの児童生徒は，普段見ている生活上の視点とは異なる視点から物事を見ることができます。これまで学級菜園では自分が車椅子でアクセスできる花壇の端からしか，自分の植えたひまわりを世話したり鑑賞したりできなかった学習活動は大きく変わります。

　さらには，**3D プリンタ**を用いれば，自分の機能障害の状態に応じた自助具をつくることができます。OS が有する様々なアクセシビリティ機能を用いて自分で CAD を用いて図面を引き，3D プリンタで成形した自分専用のスプーンを使って食事ができるのです。

　このように，補助・代替的活用，教材・教具としての活用としての ICT だけでなく，今とこれからを生きる障害のある子供たちに必要な力をつけるためにも，先生方には「ICT だからこそできる学び」という視点も持って，積極的に障害のある子供の教育にこそ ICT を活用してほしいものです。

―――――――――――――――――　**調べてみよう・議論してみよう**　―――――――――――――――――

①太字になっている特別支援教育に関する用語，デバイスやアプリの機能について調べてみましょう。

②障害のある当事者にとっての「あたりまえへのアクセス」について調べてみましょう。その際，以下のサイトを参考にしてください。その上で，ICT 活用によって障害のある人のどのようなあたりまえへのアクセスがどのように促進できるか議論してみましょう。https://note.com/tmlab2003/n/nae3622bfefb1

第7章 学校とテクノロジの関係を探る

稲垣　忠

┌─ ⌐⌐ KEY WORDS ─────────────────────────────┐
公教育，DX，SAMR モデル，情報時代の学校，学校外の学び，令和の日本
型学校教育，個別最適な学び，協働的な学び，修得主義，CIO，ICT支援員，
チーム学校
└──┘

1. 未来の学校を想像する

　2030年の学校を考えてみましょう。第1章でみた通り，社会の情報化はこれ
からもますます進んでいきます。GIGAスクール構想で整備された端末もすっ
かり古くなり，次の次くらいの世代に入れ替わっています。端末は広げて大画
面になる折り畳み式や巻物のようになっているかもしれません。1980年頃，2000
年には世界中がインターネットで結ばれることを想像するのは容易ではありま
せんでした。2000年頃，2010年には携帯電話のテンキーがなくなり，PC並み
の性能を備えたスマートフォンが普及し始めることを予想できた人はどれだけ
いたでしょうか。

　視点を変えてみます。87万2,683人の子供たちが2020年に生まれました（厚
生労働省，2021）。彼／彼女たちが小学4年生になるのが2030年です。2010年
生まれの子供たちは107万1,305人でした。実に20万人の減少です。地域に
よっては子供たちが増えるところもあるかもしれませんが，ほとんど見かけな
くなってしまうところもあるでしょう。小学校は2019年現在で約1万9,700校
あります（文部科学省，2020）。1校500名の児童を想定しても，20万人の減
少は400校分にあたります。未来の学校は，こうした現実を踏まえて考える必
要があります。

　少子化の進展，いじめ・不登校の増加，教師の労働環境，新たな教育課題へ
の対応と多くの難題があります。それでも子供1人1人に目を向ければ，その

健やかな成長と発達を支え，促すという，学校あるいはそれに類する場の役割が急に失われることはないでしょう。むしろ，子供たちが安心・安全な環境で学び，将来に期待感をもって成長していくためにも，よりきめ細かな教育支援が期待されています。その際，ICTはどのように役立つでしょうか。本章は理論編のまとめとして，学校とテクノロジの関係について，その歴史的経緯から紐解きつつ，これからの変化に向けたいくつかの方向性を検討します。

2. 学校の成立とテクノロジ

　ドイツの金細工師，グーテンベルクが金属活字による**活版印刷技術**を発明したのは15世紀半ばのことといわれています。それまでの写本や木版による印刷から，飛躍的に印刷速度が上がったことにより，大量の本が流通するようになったのです。その結果，支配階級だけでなく，広く市民の手に本が行き渡るようになりました。ルターによる宗教改革は，活版印刷というテクノロジに後押しされ，広まりました。カナダの英文学者，マクルーハンは，人間の文化の変容を，音声による口述文化から，手書きによる文字文化へ，活版印刷による印刷文化，そしてメディアによる電子文化へと変容してきたことを「メディア論」において述べています。とくに印刷技術は，識字と**公教育**の必要性をもたらしました。テクノロジの進化が学校を求めたともいえるでしょう。

　コリンズとハルバーソン（2020）は，『デジタル社会の学びのかたち』において，米国の学校制度成立の歴史を解説しています。印刷技術，宗教改革，独立革命，産業革命の四つの歴史的な出来事の組み合わせが学校を生み出したといいます。中でも紡績や蒸気機関に代表される**産業革命**は，人々の生活基盤を農業から工業へと一変させ，人口は激増し，都市への一極集中が起こりました。人口集中が起きれば，当然，子供の数も一気に増えます。農場から工場に親の仕事場が変わることで，たくさんの子供たちを預かり，教育を施す場が必要となりました。「一部屋学校」と呼ばれた多様な年齢の子供が集まる小規模な学校から，学年，学級に編成され，共通のカリキュラムと時間割に沿って授業が行われ，テストによって評価される近代の学校制度への移行は，こうした社会的な圧力のもとで進行しました。

　日本では，江戸時代から寺子屋による**識字教育**が広く行われていました。明治に入り，急速な近代化を進める装置として，欧米型の学校制度が持ち込まれました。最初期の視聴覚メディアである掛図は明治6年には当時の文部省から発行され，広く導入されました。その後の幻灯機，映画，テレビ放送，コンピュータ，インターネットなど，時代時代の最新のメディア・テクノロジを取り入れ，活用してきた歴史は第2章および第3章でみた通りです。

　20世紀に入り，印刷技術からデジタルネットワークによる情報の流通へ，産業革命から**情報革命**へと時代は進んでいきました。様々なメディアやコンピュータが教育実践においても活用されてきましたが，学年制や時間割といった学校の基本的なかたちは維持されています。現在の学校の仕組みが工業社会の発展とともに形作られたものだとすると，情報社会，さらには**Society 5.0**と呼ばれる超スマート社会で求められる学校のかたちは，大きく変わっていく可能性があります。デジタル技術によって生活や働き方を大きく変革することを**DX（デジタル・トランスフォーメーション）**と呼びます。学校のDXはどのように起きていくのでしょうか。

3. 情報技術と学校の矛盾

　1970年代，情報社会の到来が告げられる中で，近代の学校制度を批判し，教材などの教育リソースと人々をネットワークで結ぶ「オポチュニティー・ウェブ」による新たな学習支援システムを構想したのがオーストリアの哲学者，イリッチによる「脱学校の社会」（イリッチ，1977）でした。バーナーズ=リーがウェブ（WWW：World Wide Web）を1989年に発明する前から，テクノロジによる新たな教育システムへの夢は語られてきました。

　1990年代の半ば頃，**インターネット**が普及し始めます。認知科学者の三宅なほみは，ネットワークの教育利用には，「みんなが同じことを学ばなくてよい」と「ものごとを学ぶのに決められた順序以外の順序で学んでもよい」の二つの考え方があり，学校教育の学びの文化との違いを指摘しました（三宅，1997）。インターネットで何か調べる場面をイメージしてみましょう。調べたいテーマを検索する際，キーワードが違えば，結果も違います。表示されるサイトは，教

科書のように順序立てられたものではありません。多様な知に出会い，つなぎあわせ，仲間と共有・交流することを通して新たな知をつくり出していく学びは，2002年に始まった総合的な学習の時間のモデルになり，標準化されたカリキュラムに新たな風を巻き起こしましたが，学校制度そのものが変わることはありませんでした。

　テクノロジの学校への導入の段階を示すモデルに，プエンテドゥラによる**SAMRモデル**（図7-1）があります。導入の初期段階では，S（Substitution：代替），A（Augmentation：拡大）といった既存の道具の置き換えや，効率を強化（Enhancement）する活用です。一方，M（Modification：変更），R（Redefinition：再定義）といった変換（Transformation）の段階では，従来の授業や学習活動を転換し，新たな学びを創り出すためにテクノロジを活用します。

　コンピュータやインターネットなどの情報技術は，それ自体が何かを指導したり，学習を支援したりするために開発されたものではありません。教師や学習者が，どのような意図でそれを用いるかによって，テクノロジの価値も変わります。一方で，テクノロジにはそれぞれに特徴があり，学習指導のスタイルによって相性がよいものもあれば，そうでないものもあります。コリンズとハルバーソン（2020）は，教育におけるテクノロジの特徴を次の3点に整理しています。

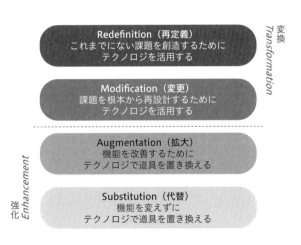

図 7-1　SAMRモデル(Puentedura, 2010／筆者訳)

①**カスタマイズ性**：学習者に応じた学習内容を選べること
②**学習者コントロール**：学習者のペースで学ぶことができること
③**インタラクション**：ソフトウェアや他者から即座に反応が返ってくること

　みんなと同じことを，決められた順番で学ぶのが学校制度の基本とするなら，「テクノロジが支援する学び」と「学校の学び」は根本から矛盾する関係にあることになります。SAMRモデルで言えば，SやAの段階は，従来の学校制度の範囲でテクノロジを上手に活用することを意味します。MやRの段階に進むには，テクノロジと学校の間にある矛盾をどう解消するのかが鍵になります。

4. 未来の学校を創造する

　21世紀に入り，新たな学校像をめぐる議論は再び盛り上がりをみせています。「破壊的イノベーション」を提唱したクリステンセンら（2008）は，学校も含めた多くの社会組織は，新しいテクノロジを既存の組織構造に合うように活用しようとすると指摘しています。SAMRのSとAの段階です。一斉・一律の工業モデルの学校から，生徒中心の個々の学習ニーズに応えられる学校へと移行するために，生徒用のコンピュータによる教育システムの導入を主張しました。さらに，生徒中心の学習環境を構築するには，ICTだけではなく，より広範囲な学校制度そのものを対象にイノベーションを起こしていく必要があるとしています。

　ライゲルースとカノップ（2018）は，情報社会に向けて学校を再発明（reinvention）する必要があると考えました。そのために次に示す六つのコア・アイデアを**情報時代の学校**の要素として提唱しました。

①**到達ベースのシステム**：履修主義から修得主義への転換
②**学習者中心の指導**：個別最適化された学びとプロジェクト型の学び
③**広がりのあるカリキュラム**：21世紀型スキル，非認知能力の育成
④**新たな役割**：ガイドとしての教師，自己主導型の生徒，生徒のテクノロジ活
　　用

⑤**調和ある人格を育む学校文化**：小規模，異年齢混合のクラス，家庭との連携
⑥**組織の構造とインセンティブ**：ラーニングセンターとの連携，地域の学習拠点

　「新たな役割」にある「生徒のテクノロジ活用」には，学習成果の記録，学習者の学習計画の立案とマネジメント，プロジェクト型の学習の指導，評価の道具として活用されるとしています。SAMRのMとRの段階は，授業の中でテクノロジを活用するだけでなく，学校の教育活動全般を運営する基盤として，テクノロジを位置づけ，新たな学習環境をつくり出している点が特徴です。
　インターネットの普及により，学習環境は学校の壁を越えて広がっています。親戚の子供のためにつくった算数の解説動画をYouTubeに公開したことから始まり，現在では 5,000 以上の動画と確認ドリルを組み合わせ，世界中の子供たちが自分のペースで学べる環境をつくり出したのがサルマン・カーンです。**カーン・アカデミー**のコンテンツは，学校外だけでなく，授業で個別の学習支援に活用したり，家庭では動画で予習し，学校ではその補充や発展学習に取り組む**反転授業**に使われたりしています（カーン, 2013）。
　2006 年にヒントンらが発明したディープ・ラーニング技術により，2010 年代には，AIの実用化が一気に進みました。教育分野においても，学習履歴（スタディ・ログ）やデータをAIで処理し，教育改善に生かす動きも加速しています（第4章参照）。ホルムスら（2020）は，AIを用いたスマート履歴書による評価システムの置き換えや，学びのパートナーとなる学習コンパニオンが学校内外の学びを支援する可能性に言及しています。

5. 「令和の日本型学校教育」の基盤となるテクノロジ

　GIGAスクール構想により整備された 1 人 1 台端末の学習環境は，学校とテクノロジの間の矛盾を乗り越え，近代から続く学校制度から新たな制度へとパラダイム転換を起こす発火点になるのかもしれません。2021 年 1 月 26 日，中央教育審議会は答申，「『令和の日本型学校教育』の構築を目指して〜全ての子どもたちの可能性を引き出す，個別最適な学びと，協働的な学びの実現〜」を

公表しました。予測困難な時代を生きる子供たちに必要な資質・能力を育むため，ICTを基盤的なツールとして活用するとともに，学校制度の根幹となる部分にも新たな提案がみられます。

図7-2は，同答申で示された「子どもの学び」のイメージです。「個別最適な学び」と「協働的な学び」の一体的な充実が目指されています。**個別最適な学び**とは，ICTの活用と少人数によるきめ細かな指導体制を整備し，学習者に応じた学びを提供することです。1人1人の特性や学習進度，学習到達度に応じて指導を工夫する**指導の個別化**と，興味関心やキャリアの方向性に応じた個別の学習課題を追究する**学習の個性化**の二つの方向性が示されています。3節で示したテクノロジの特徴であるカスタマイズ，学習者コントロールを，学習者中心の教育を実現するために導入しようとしています。そして，個別最適な学びが起きる場所は授業時間だけでなく，授業外の学習改善も含むとされています。

もう一方の**協働的な学び**は，従来から授業改善を行ううえで重要とされてきました。個別最適な学びと組み合わせることで，多様な考えや情報を子供たちが持ち寄り，それぞれの情報を比べたり，関連づけたりしながら新たな知を生み出していく学びが期待されています。また，ネットワークを用いることにより，地域の人や遠隔地，専門家など多様な他者とのインタラクションも実現します。

答申をみていくと，こうした授業改善の方針だけではなく，学校の教育システムそのものを進化させようとする考え方の一端も示されています。その一つが，従来の履修主義の教育課程に，**修得主義**の考え方を取り入れることです。すべての学習者が同じ時間だけ学ぶ，教師の視点から見れば，一定の時間，指導を行ったことにより学習が成立したとみなすのが**履修主義**です。修得主義では，学習者1人1人が一定の到達水準に達したことをもって学習が成立したとみなします。つまり，履修主義を前提としたクラス一斉の時間割に基づく教育から，1人1人に応じた学習機会を学校の内外で提供する時間割へと転換することが目指されています。その基盤には，ネットワーク，1人1台端末，クラウドといったテクノロジがあります。

学校はその誕生の初期から，当時のテクノロジや産業構造の影響を受けて誕

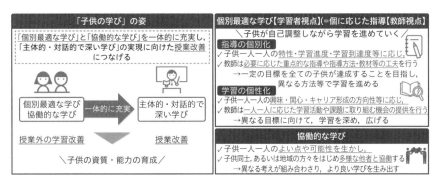

図 7-2　「令和の日本型学校教育」の学び（中央教育審議会，2021）

生したことを示しました。時代時代のテクノロジの活用を試みてきましたが，工業時代に構築された学校制度はSociety5.0時代を迎え，いよいよ新たなかたちを模索しはじめています。とはいえ，こうした革新は，個々の教員の力だけで実現するでしょうか。あるいは政策を公表するだけでその通りになるのでしょうか。「教育の情報化に関する手引」（文部科学省，2019）は，**情報化の統括責任者**（**CIO**：Chief Information Officer）として教育委員会（教育CIO）がビジョンを描き，各学校（学校CIO）が責任をもって推進することを求めています。また，**ICT支援員**などの外部人材，地域，民間企業と連携することの重要性も指摘されています。未来の学校は，教員が孤軍奮闘してつくるのではなく，多様な人々と協力・対話しながらつくり上げる**チームとしての学校**です。その過程には，従来の文化との衝突，マインドセットの転換，安心安全なインフラ構築など，多くの課題があります。それでも，時代の転換期の学校教育に携わるワクワク感と，未来の子供たちへの責任感をもってイノベーションを先導する教員を目指してほしいと思います。

────────────────── **調べてみよう・議論してみよう** ──────────────────

①2040年頃，情報技術はどのように変化すると予測できるか調べてみましょう。

②予測を参考に，2040年の学校ではどのような情報技術が活用され，どのような制度になっているのか議論してみましょう。

実践編 ①

教師および児童生徒の ICT 活用

第 **8** 章　　# 教師によるICT活用を支える指導力

八木澤史子

- ०⌐ KEY WORDS --
授業力量，教員のICT活用指導力，教員研修，OJT

1. 授業に関する教師の指導力

　教師によるICT活用は，教師の指導力によって支えられています。教師の指導力は，**授業力量**ということもあります。具体的には，**授業を設計する力**，**授業を実施する力**，**授業を評価する力**の三つの力を指します（木原，2012）。

　授業を設計する力とは，授業前に，授業計画を立てる段階で発揮される力のことです。例えば，教師は教科書を確認し，授業で教える内容は何か，児童に身につけさせる能力は何かを考えます。その際，どのような導入で子供たちの学習への意欲を高めるか，どのような学習活動を設定すれば，子供たちが自ら学習に取り組む姿勢をみせるか，といったことを踏まえて，授業を組み立てます。このような力は**教授知識**といわれ，教材に関する知識，教授活動に関する知識，児童生徒に関する知識などが必要とされています（第5章参照）。また，最近では，各教科に関する目標だけでなく，言語活動や情報活用能力など，教科横断的に求められる力の育成も求められています。そのため，本時の1時間分だけを設計すればいいのではなく，単元全体を通した，場合によっては教科の枠を超えた授業設計が求められています。

　授業を実施する力とは，授業計画を立てた後，実際にその計画を実行する力のことです。例えば，授業を実施する際には，学習課題に迫るための発問を行ったり，資料をわかりやすく伝えるために提示の工夫を行ったり，子供たちの学習状況を把握するために机間指導を行ったりします。これらの力は**教授スキル**といわれ，授業中に必要な教授スキルは，30種類ぐらいあるといわれています。また，授業計画と実際の授業の場面にギャップが生じたとき，教師はギャップ

の原因をモニタリングし，自分がもつ選択肢の中から適切なものを選び，計画していた行動に代わって，代替案を実施します。このような力は**意思決定**といわれ，教師は授業中，2分に1回の程度で意思決定をしているともいわれます。これも授業を実施する際に求められる力です。

　授業を評価する力とは，授業を実施した後に，自分が行った授業を振り返り，次の授業に生かす力のことです。振り返りのことを**リフレクション**といい，リフレクションを行うことは，教師の仕事にとって非常に重要です。授業を実施した後に，自分が授業で行った行動や発言を思い出す。思い出した後，気になった行動や発言があれば，なぜそのような行動をとったのか，他に考えられる発言はなかったのか，といったことを考える。考えた後，次に同じような状況があった場合，どのような行動をとるのがいいのか，どのような発言が適切なのか，といったことを検討する。そして，再び授業を実施し，検討したことを実行する。このようなサイクルを通して，教師は自分の授業を見直し，その積み重ねが教師としての力量を高めていきます。

　授業の設計，実施，評価のそれぞれの場面でICTをどのように活用すると，教師としての指導力の向上に役立つのでしょうか。具体例をみていきましょう。

2. 教師によるICT活用の具体例

　授業を設計する場面は，みなさんが授業におけるICT活用を最初に経験する場面だと思います。例えば模擬授業の指導案をつくるとき，まずは，インターネットで，授業に関連する情報を集めるのではないでしょうか。検索サイトを開き，必要なキーワードを入力して，表示されたサイトの中から自分が欲しい情報を探し出す。これは，ICTを活用した情報の収集や整理です。そして，収集した情報をもとに，指導案を作成したり，授業に必要なワークシート，スライドを作成したりする。これは，ICTを活用した情報の表現です。とはいえ，インターネット上の情報検索だけでは，何が適切なのか判断することはできません。教科書，教師用指導資料，関連分野の図書など，様々な資料や，（実際の授業であれば）児童生徒の実態，学校の研究課題といった情報と照らし合わせながら，授業を設計します。情報活用能力（第16章参照）は，児童生徒だけでな

く教師にとっても重要な力だといえます。

　授業を実施する場面においては，教師が効果的と考えるICT活用に関する多くの研究が行われてきました。例えば，高橋・堀田（2008）は，教師が教室で効果的と考えるICT活用場面を収集したところ，最も多い活用の組み合わせは，プロジェクタと実物投影機を用いて，教科書や書籍を映すことにより，写真や実物，考え方を示すことでした。近年，子供たちに情報端末が配布され，1人1台環境における授業が実施されていますが，そのような環境においても，教師が資料や実物を子供たちに提示するという行動は多く観察されています（八木澤ら，2020）。プロジェクタやデジタルテレビなどの大型提示装置と，実物投影機やタブレットのカメラを組み合わせた教師による教科書や資料の提示は，教師の指導における基本的かつ効果的なICT活用といえます。

　授業を評価する場面においては，授業中の学習の様子をみとって集めた情報や作品，定期テストの結果などを用いて，子供たちの学習内容の定着状況を判断することになります。実際に判断するのは教師自身ですが，クラウド上に保存された作品を評価したり，デジタルドリル等の学習履歴を分析することがあります。テストの成績管理や通知表の作成は，校務支援システム上で行います。

　これらのICT活用は，機器の使い方を詳しく知ったり，最新の機器を使ったりすれば上手くいくというものではなく，教師の指導力を十分に身につけたうえで発揮されるものです。そのため，授業においては，まずは，前節に書いたような指導力を身につけたうえで，あるいは身につけていく過程で，ICT活用の能力も身につけていくことが望ましいといえます。

3. 教員のICT活用指導力チェックリスト

　授業におけるICT活用の際に求められる力，つまり**教員のICT活用指導力**をわかりやすく示したものに，「教員のICT活用指導力チェックリスト」があります（文部科学省，2018）。現職の全ての教師に求められるICT活用に関する基本的な資質・能力を示しています。表8-1のように，四つの大項目と，それぞれを四つの小項目に分けた全16項目で構成されています（2018年以前は分類が異なります。第5章参照）。こちらの表を見てみると，教師自身がICTを活用

表8-1　教員のICT活用指導力チェックリスト（文部科学省，2018）

A　教材研究・指導の準備・評価・校務などにICTを活用する能力
A-1　教育効果を上げるために，コンピュータやインターネットなどの利用場面を計画して活用する。
A-2　授案で使う教材や校務分掌に必要な資料などを集めたり，保護者・地域との連携に必要な情報を発信したりするためにインターネットなどを活用する。
A-3　授業に必要なプリントや提示資料，学級経営や校務分掌に必要な文書や資料などを作成するために，ワープロソフト，表計算ソフトやプレゼンテーションソフトなどを活用する。
A-4　学習状況を把握するために児童生徒の作品・レポート・ワークシートなどをコンピュータなどを活用して記録・整理し，評価に活用する。
B　授業にICTを活用して指導する能力
B-1　児童生徒の興味・関心を集めたり，課題を明確につかませたり，学習内容を的確にまとめさせたりするために，コンピュータや提示装置などを活用して資料を効果的に提示する。
B-2　児童生徒に互いの意見・考え方・作品などを共有させたり，比較検討させたりするために，コンピュータや提示装冒などを活用して児童生徒の意見などを効果的に提示する。
B-3　知識の定着や技能の習熟をねらいとして，学習用ソフトウェアなどを活用して，繰り返し学習する課題や児童生徒一人一人の理解・習熟の程度に応じた課題などに取り組ませる。
B-4　グループで話し合って考えをまとめたり，協働してレポート・資料・作品などを制作したりするなどの学習の際に，コンピュータやソフトウェアなどを効果的に活用させる。
C　児童生徒のICT活用を指導する能力
C-1　学習活動に必要な，コンピュータなどの基本的な操作技能（文字入力やファイル操作など）を児童生徒が身に付けることができるように指導する。
C-2　児童生徒がコンピュータやインターネットなどを活用して，情報を収集したり，目的に応じた情報や信頼できる情報を選択したりできるように指導する。
C-3　児童生徒がワープロソフト・表計算ソフト・プレゼンテーションソフトなどを活用して，調べたことや自分の考えを整理したり，文章・表・グラフ・図などに分かりやすくまとめたりすることができるように指導する。
C-4　児童生徒が互いの考えを交換し共有して話合いなどができるように，コンピュータやソフトウェアなどを活用することを指導する。
D　情報活用の基盤となる知識や態度について指導する能力
D-1　児童生徒が情報社会への参画にあたって自らの行動に責任を持ち，相手のことを考え，自他の権利を尊重して，ルールやマナーを守って情報を集めたり発信したりできるように指導する。
D-2　児童生徒がインターネットなどを利用する際に，反社会的な行為や違法な行為，ネット犯罪などの危険を適切に回避したり，健康面に留意して適切に利用したりできるように指導する。
D-3　児童生徒が情報セキュリティの基本的な知識を身に付け，パスワードを適切に設定・管理するなど，コンピュータやインターネットを安全に利用できるように指導する。
D-4　児童生徒がコンピュータやインターネットの便利さに気付き，学習に活用したり，その仕組みを理解したりしようとする意欲が育まれるように指導する。

する際に必要な能力（項目A，B）以外に，児童生徒のICT活用を指導する能力（項目C）も含まれています。

　2019年に発表されたGIGAスクール構想により，児童生徒に1人1台端末が配布されました。これからの授業で教師に必要なICT活用の際の指導力には，教師自身がICTを活用する能力に加えて，児童生徒がICTを活用する際に必要な知識・技能を指導する能力も求められています。「実践編②　児童生徒の情報活用能力の育成」で取り上げます。

4. ICTの発達がもたらす教師の指導力の変化

現在，教育の現場においては，「新学習指導要領の全面実施」「学校における働き方改革」「GIGAスクール構想」という，日本の学校教育において，大きな変化をもたらすことが予想される取り組みが進んでいます。このような状況の中，教師の役割も変化しつつあります。これまでは，教師がもつ知識を子供たちに教えることが授業における教師の指導の主な内容とされてきましたが，今後は，児童生徒1人1人の学びを最大限に引き出す，子供の主体的な学びを支援する伴走者としての役割が求められています。その際，ICTの活用は非常に有効な手段となります。

例えば，子供たち1人1人の力を引き出すには，子供たちの実態を丁寧に把握することが求められます。ICTがなければ，紙のノートでとった記録やわずかな作品からしか把握できず，時間的にも量的にも非常に限られたものとなります。しかし，ICTを活用することで，学習履歴（スタディ・ログ）は自動的に蓄積され，それを分析・利活用することも容易になります。「子供はどのようにして学んでいるのか」「（子供の学習を）どう支援するのか」といった点を意識して指導を行うのは，昔から日本の教育で大事にされてきました。1人1台の環境で，子供たちがICTを「文房具」として日常的に活用するようになると，スタディ・ログが示す子供の様子と目の前の子供の実態とを照らし合わせながら授業を実施していくことが，指導力の一つとして求められるようになるでしょう。

5. 指導力を身につけるための取り組み

これまで同様必要とされる，そして今後新たに必要とされるICT活用を支える教師の指導力を身につけるために，学校現場では，様々な研修が行われています。これらの研修は，一般的には**教員研修**と呼ばれ，外部から講師を招いて最新の教育情報について講義してもらったり，自分たちで教育資料を読み合ったりして学びます。一方，**OJT**と呼ばれる研修も行われるようになりました。OJTとは，「On the Job Training」の頭文字をとったもので，実務を通して行う人材育成の手法です。多くの教員研修は，授業時間とは別に時間をとって，大

人数で集まって行いますが，OJT では，実際の授業を題材に，その場の課題に応じた内容の研修に少人数で取り組むことができます。具体的な場面を想起するために，ビデオカメラで録画した授業の様子を見ながら参加者どうしで課題を確認する，というのも有効な方法です。一方，教員研修では，クラウドを利用して意

図 8-1　情報端末の使い方に関する OJT

見をやりとりすることで，大人数でも 1 人 1 人が積極的に参加できるスタイルをつくり出すことができます。

　学校で行われる研修以外にも，教育委員会が主催する研修や自主サークルによる研修なども行われています。また，研修という形態とは異なりますが，SNS を利用した教師間，あるいは教師以外の人との実践交流なども行われています。SNS を利用した交流は，似たような悩みや経験をもつ人どうしがつながることによる協働的な学びの効果や，自分とは異なる立場や考えを持つ人どうしがつながることによる越境学習での学び直しという観点から，今後，広がりが期待される取り組みです。

　このように，教員研修においても ICT を活用することで，効果的・効率的な教師の学びに取り組むことができ，指導力の向上につながります。ICT 活用は，今後，教師に求められる指導力の形成および向上にとって，非常に重要なものであるといえます。

////////////////////////// **やってみよう・試してみよう** //////////////////////////

①授業で使ったあるいは自分で作成した指導案を見て，各学習場面における教師の指導が，「教員の ICT 活用指導力チェックリスト」のどの項目にあたるか，分類してみましょう。

②近くの自治体にある教育センター等の教員研修施設のウェブサイトを見て，ICT に関連する教員研修としてどのような内容が取り組まれているか調べてみましょう。

第 9 章　デジタルコンテンツの役割

片山敏郎

- ○― KEY WORDS ------------------------------
デジタルコンテンツ，教材，著作権，指導者用デジタル教科書，学習者用
デジタル教科書

1. GIGAスクール構想の加速とデジタルコンテンツ

　GIGAスクール構想により，全国の公立小・中学校，特別支援学校，義務教育学校の児童生徒が，1人1台端末と高速ネットワークを活用して学習するようになった結果，教科書や教材の活用のあり方が劇的に変わりつつあります。

　1人1台端末は，インターネットで検索をしたり，タイマーで時間を計ったり，キーボードで文字を入力したり，絵を描いたりと，多様な学習活動に用いるデジタルの文具といえます。一方，**デジタル教科書**やインターネット上の教材，つまり**デジタルコンテンツ**にアクセスする道具にもなります。

　そもそも，**教材**とはなんでしょうか。文部科学省は昭和42年（1967年）より各学校に基礎的に必要な教材を示した「教材基準」を制定し，予算措置してきました。最新（令和2年）の「教材整備指針」をみると，「発表・表示用教材」「道具・実習用具教材」「実験観察・体験用教材」「情報記録用教材」として実にさまざまな教材が示されています（文部科学省，2020）。紙の教科書，副教材，問題集といったアナログのものに加え，デジタルコンテンツが登場したことは，学習にどのような影響をもたらすのでしょうか。

2. デジタルコンテンツの良さを考える ——アナログとの比較を通して

　デジタルコンテンツの良さを，アナログのコンテンツとの比較で考えてみま

しょう。アナログのコンテンツには，アナログの良さがあります。「実物に勝る教材はない」とよく言われますが，例えば，理科の授業で，本物のアゲハチョウの幼虫を教室に持ち込んで観察をする実践があります。その際，教材（コンテンツ）は，生きたアゲハチョウの幼虫と，その幼虫が住む山椒の木です。幼虫が動いたり，山椒の葉を食べたりする姿を眼前で見ることができ，その質感や美しさ，生々しさなど，まさにリアルでしか得られない圧倒的な情報と体験を得ることができます。確かにそういう意味では，デジタルコンテンツは，アナログのコンテンツに敵わない側面もあります。

　しかし，そのような生の教材を，全ての教室で常に用意することができるでしょうか。様々な好条件が揃ったときに用意できる稀なことなのかもしれません。念入りに準備した特別な教材を用意した授業を行うことにも価値はありますが，年間 1000 時間以上もある日々の授業とのバランスを考えると，日常で可能な範囲内で充実した教材準備を行うことが大切です。

　アナログの場合，実物を用意できなければ，模型や写真等になります。アゲハチョウの写真が載っている教科書や図鑑を用意することになるでしょう。必要な知識・理解は得られるかもしれませんが，伝わる情報は，本物の幼虫と比べ物にならない少量で単純化したものとなってしまうのは否めません。

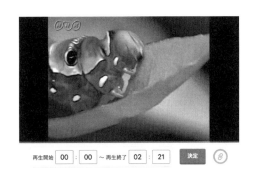

アゲハチョウのそだち方

アゲハチョウの産卵からよう虫、さなぎ、成虫になるまでをまとめて観る映像です。

図 9-1　　NHK for Schoolの動画クリップ
https://www.nhk.or.jp/school/（2021 年 11
月 16 日参照）

　では，デジタルコンテンツだとどうでしょうか。1人1台端末を通して，アゲハチョウの幼虫が動く動画を見ることができます。NHK for School（https://www.nhk.or.jp/school/）では，そのような動画クリップが無料で公開されています。しかも，ただ，アゲハチョウの幼虫が動くだけではありません。アゲハチョウのメスが卵を産むところから始まり，幼虫が卵の殻を食べたり，木の葉を食べたりしながら何度も脱皮を繰り返して大きくなり，その後さらにさなぎになって蝶になるまでを，解説付きで，2分21秒の動画で見ることができます。

　1人1台端末があれば，こうしたデジタルコンテンツを自分が見たいタイミングで，いつでもどこでも，繰り返し何度でも見ながら学習することができるのです。端末を持ち帰ったり，家の端末からアクセスしたりするなどして，家庭学習でも見直すことができます。

　デジタルコンテンツには他にも，様々なものがあります。教科書や資料集のQRコードから，簡単にアクセスできるようになっているコンテンツや，情報活用能力を高めるタイピング練習サイトや，情報モラルを解説した動画やアニメーション教材などです。大切なことは，教師が授業の目的に合わせて活用したり，児童生徒が自分の考えを形成する上で役に立つ材料となるように働きかけたりすることです。なお，デジタルコンテンツは無償・有償問わず，著作物です。利用・複製の条件や，編集・加工の可否などを確認し，**著作権**を尊重して活用することを，教師自身が意識することはもちろんのこと，児童生徒にも指導して，著作権を尊重する態度を育成することが大切です。

3. デジタル教科書のこれまで・現在・未来

　日本では，学習指導要領によって定められた紙の「検定教科書」を無償供与してきました。端末を1人1台ずつ持つようになった今，キラーコンテンツとして，**学習者用デジタル教科書**への期待が高まっています。

　少し，歴史をたどってみます。2010年頃，普通教室にプロジェクタや大型テレビの整備が進みました。ノートパソコンをつないで，教師がスライドで作成したデジタルコンテンツを投影したり，インターネット上のデジタルコンテンツを見せたりと，提示型の活用が定着していました。教科書ではなく，「教材」

としての扱いでしたが，児童生徒の使用する教科書と同じものを大きく映し出し，マーカーでラインをひいたり，一部を隠したりしながら提示したりする，**指導者用デジタル教科書**が開発され，電子黒板や大型テレビの普及とともに，デジタル教科書として普及するようになっていきました。

　その後，産業界では 2010 年に「デジタル教科書・教材協議会」が，学術界では 2012 年に「日本デジタル教科書学会」が設立され，他にも「日本教育工学会」などの各種学会で指導者用に加え，学習者用のデジタル教科書の開発や研究が加速しました。端末の機能や利活用のあり方，海外での先進事例等の研究等も盛んになっていきました。当時，総務省の「フューチャースクール推進事業」や文部科学省の「学びのイノベーション事業」で，全国で小学校 10 校，中学校 8 校，特別支援学校 2 校の合計 20 校で，1 人 1 台端末を活用した実証研究がされ，学習者用デジタル教科書の試作版の実証が行われました。

　一方，法整備も進みました。文部科学省では，学習者用デジタル教科書の円滑な導入に向け，その効果的な活用のあり方等に関するガイドラインを 2018 年12 月に策定・公表（2021 年 3 月改訂）しました。また，2019 年 3 月には実践事例集を策定・公表（2021 年 3 月一部追補）しています。さらに，「主体的・対話的で深い学び」の視点からの授業改善や，特別な配慮を必要とする児童生徒等の学習上の困難低減のため，学習者用デジタル教科書を制度化する「学校教育法等の一部を改正する法律」等関係法令が 2019 年 4 月から施行されました。これにより，従来の紙の教科書を主たる教材として使用しながら，必要に応じて学習者用デジタル教科書を併用することができることとなりました。

　2020 年には「デジタル教科書の今後のあり方等に関する検討会議」が発足し，11 回の議論をもとに，2021 年 6 月に第一次報告書がまとめられました（文部科学省，2021）。デジタル教科書の各種メリットを踏まえ，今後の採用のあり方の例（①全てデジタルに置き換え，②全てまたは一部の教科で紙とデジタルを併用，③一部の学年または教科でデジタルを導入，④設置者が当該年度で使用する教科書を選択，⑤全教科で主にデジタル，必要に応じて紙を使用）などが示されたりしています。また，健康面への配慮など，考えるべき課題も整理されました。

　さらに，「教育データの利活用に関する有識者会議」では，学習指導要領の

コード化や，教育データの標準化が進められています。今後，デジタル教科書とデジタル教材の連携や教科書検定のあり方の検討など，まだまだ解決すべき課題はありますが，全体としては急速に議論は進展しています。

2021 年度からは，全都道府県で学習者用デジタル教科書普及促進事業として，学習者用デジタル教科書の実証事業も開始されました。初年度の実証事業は 5 月現在，全国 1,788 自治体のうち 1,377 自治体が参加し，小学校 5，6 年と中学校 1，2，3 年で 1 教科を選択して，取り組んでいます。今後，多くの学校現場に複数のデジタル教科書が入り，当たり前に活用されるようになるでしょう。

4. 学習者用デジタル教科書のメリットと期待されること

学習者用デジタル教科書には，どのようなメリットがあるでしょうか。上記，第一次報告書では，次のようにまとめています。

①直接画面に書き込みができ，消去や，やり直しを簡単に行うことができるため，作業に取り掛かりやすく，試行錯誤しやすい。

②ペア学習やグループ学習の際，デジタル教科書に書き込んだ内容を見せ合うことで，相手の意見を書き足したり，自分の意見を変更したりしながら活動できるため，相互の理解を深めやすい。

③紙の教科書の場合，細かい箇所を見る際，目を近づけるが，ピンチイン・アウト操作による拡大表示や，教科等によってはポップアップで図版や写真などを拡大して表示できるため，目を近づけなくても細かい箇所まで見ることができる。

④機械音声読み上げ機能により，読み書きが困難な児童生徒の学習を容易にすることができる。

⑤アクセシビリティやユーザビリティが確保されれば，紙の教科書の利用が困難だった障害のある児童生徒が教科書にアクセスしやすくなる。

⑥端末だけを持ち運びすることとなれば，授業や家庭学習で用いる教科書の持ち運びの通学上の負担が軽減され，身体の健やかな発達にも資する。

また，デジタル教材や他の ICT 機器・システムとの連携によるメリットとし

て，次の点をあげています。

①デジタル教材との連携がしやすく，動画や音声等を併せて使用することにより，学びの幅を広げたり，内容を深めたりすることが容易になる。

②デジタル教科書とデジタル教材を連携させて活用することにより，教師の教材作成や児童生徒の学習状況の把握等に係る業務の効率化につながる可能性がある。

③デジタル教科書に書き込んだ内容を大型提示装置に提示することにより，どの部分の説明をしているのかが視覚的にわかるため，児童生徒が，教師の指示や説明はもとより，他の児童生徒の説明の内容なども理解しやすくなる。

④授業支援システムとの連携により，教師側の画面で児童生徒がデジタル教科書に書き込んだ内容を見ながらの授業の進行がしやすくなり，クラス全体に対して特定の児童生徒の書き込んだ内容を共有して指導を行ったり，それをもとに児童生徒が議論を行ったりすることができる。

　一方，視力や姿勢等の健康面への影響や，学力の向上に資すると説得できるだけの十分な実証が蓄積されていないなどを理由に，学習者用デジタル教科書の導入に反対する声もあります。今後，全国でデジタル教科書・デジタルコンテンツの活用が進んでいく中で，課題の解決策が明らかになったり，あるいは別の課題が生じたりするかもしれません。法律面も変更が生じる可能性があります。最新の情報に目を配りながら，最良の学習経験を児童生徒が得られるよう，デジタルコンテンツの活用を工夫していきたいものです。

やってみよう・試してみよう

①教科書会社のWebサイトから，学習者用デジタル教科書の体験版に触れてみましょう。

②紙と比べてどんな特徴があるのか，授業あるいは家庭で使用する際の留意点などについて話し合ってみましょう。

第10章 教室内外の対話・協働を支えるICT

山口眞希

┌─ o━┛ KEY WORDS ────────────────────────────┐
│ 協働学習，画面共有，共同編集，協働制作，国際協働学習 │
└───┘

1. 協働的な学びを促進するICT

　子供たちが主体となって話し合い，知恵を出し合いながら学びを深めていく。他者との対話や協働を通して自己の世界を広げ，新たな知的世界を共創する喜びを感じることができる。こんな授業ができたらいいなと思いませんか？

　協働的な学びの実現によって，知識だけでなく，これからの時代に必要とされる問題解決能力や思考力，コミュニケーション力の育成，さらには，知識の構造化が期待されています。変化が激しく将来の予測が難しい時代だからこそ，子供1人1人が自分のよさを認識し，他者を尊重し，多様な人々と協働しながら様々な社会的変化を乗り越えていくことが必要です。そのような資質・能力を育成するためにも，授業や学級づくりにおいて「**対話**」や「**協働**」は非常に大切なキーワードです。

　中央教育審議会（2021）が取りまとめた答申「令和の日本型学校教育の構築をめざして」においても，「個別最適な学び」と「協働的な学び」を一体的に充実させていくことが必要と述べられていますが，そのためにこれからの学校教育を支える基盤的なツールとして，ICTが不可欠であると示されています。GIGAスクール構想により小・中学校，特別支援学校においては，1人1台端末が整備されました。しかし，1人1台端末が整備されたからといって，個別に使うことだけを進めるものではありません。1人1人が個別学習でしっかり考えを持ったうえで，対話や協働によってさらに考えを広め，深めていくといった「個別最適な学び」と「協働的な学び」を行き来することが大切です。ICTの強みを生かして，子供たちどうしを「つなぐ」授業の工夫が必要なのです。

2. 協働学習におけるICT活用の具体例

　では，ICTをどのように活用すると，協働的な学びが促進されるのでしょうか。教育の情報化に関する手引き追補版（文部科学省，2020）によると，ICTの特長は，「時間的・空間的制約を超えること」「双方向性を有すること」「カスタマイズが容易であること」とあります。また，タブレット型の端末や薄型ノートパソコンは「可搬性がある」こと，写真や動画，アニメーションなどで「多様な表現が可能」になること，情報収集から編集，発信までが端末上で完結できる「All-in-one」であるというツールとしての良さがあります。このようなICTの特長を効果的に活用した**協働学習**の具体例を見ていきましょう。

（1）端末に考えや作品を提示しての発表や話し合い

　自分の端末に考えを書き出したものや，保存しておいた資料や画像などを大型提示装置に提示したり，友だちに画面を示したりして，自分の考えや作品をグループや学級全体に発表します。友だちの意見が明確に**可視化**されるため，それをもとに感じたことを伝え合ったり，話し合ったりするなど対話が生まれます。

　図10-1 は，体育で互いの演技や試合の様子を撮影した動画をグループで見合っている場面です。子供たちは画面を見ながら「足をもっと上げたほうがいいね」「この空間に守りの人が動いたらどう？」と意見を伝え合います。自分では見えなかった動きが見えるようになるので，気づきを伝え合う対話が生まれるのです。ペンを使って書き込みながら考えを伝えたり，友だちの反応によって即座に修正したりすることも可能です。

（2）画面共有で多様な考えを知る

　学習支援システムを活用すると，クラス全員の端末画面が教師の端末に集約されて大型モニターに提示されたり，個々の端末に配信されたりします（図10-2）。友だちどうしで互いの端末に情報を転送し合うこともできます。また，クラウド上に**共有ドライブ**を作成してファイルを保存しておくと，どの端末からも閲覧することが可能です。これまでは友だちのノートを見せてもらわなければ見ることができなかった学びの過程が，自分の手元で見ることができるので

図 10-1　画面を見ながら話し合う

図 10-2　画面を共有する
資料提供：桃山学院教育大学　木村明憲講師（実践当時は京都教育大学附属桃山小学校教諭）

す。1 人では問題に向き合うことが難しい子供たちが，他の人の問題解決の思考プロセスを知ることで，将来 1 人でできるようになるための見通しやヒントを得ることにもつながります。コメント機能やチャット機能を併用して閲覧した感想や意見・アドバイスなどを伝え合うと，対話的な学びも促進します。

　このような**画面共有機能**によって，多くの友だちの考えを一度に知ることができ，得られた多様な意見をもとに自分の考えを見直したり，比較したり，友だちのよさを取り入れたりして，自分の考えを構築することができます。

(3) 共同で編集する

　ワープロソフトや表作成ソフト，プレゼンテーションソフト，ホワイトボードアプリの**共同編集機能**を使うと，複数人で同時に編集が可能になります。図 10-3 は Google Workspace for Education など汎用のアプリケーションの共同編集機能を使って，理科の実験結果をまとめたものです。グループメンバーが同じ画面を見ながらそれぞれの考えを出し，話し合いながらまとめていくのです。その過程で，内容や表現方法に関する対話が生まれます。また，他のグループとも共同編集できるようにしておくと，他のグループが作成したページにコメント機能や付箋機能を使ってコメントをすることが可能になります。

　表作成ソフトで全員分が書き込める表を作成し，共同編集ができるようにする方法もあります。この活用方法として，資料を読んで感じたことや考えたこ

図10-3　実験結果を共同で編集する
資料提供：加賀市立錦城中学校　北濱康裕教諭

とを各自に割り当てられたセルに入力したり，実験や観察の結果を入力したり，学級活動で文化祭の出し物の案を考え，選択理由とともに入力したりするといった活動が考えられます。通常の発表では，挙手した人や教師が指名した人だけしか発表できませんが，この方法を使うと全員が自分の考えを表明する場が保障されます。そして，より多くの人の考えを知ることができます。

　また，共同編集できるスライド上に，ベン図やピラミッドチャートなどの**思考ツール**を作成しグループで話し合いながら分類することで，学習課題に対する意見整理を円滑に進めることが可能になります（第21章参照）。

　共同編集は，1人1人がインターネットにつながった端末を持っていることで生まれる協働学習の新しい形といえるでしょう。

（4）協働で制作する

　この節の初めにも書いたように，ICTの持つ強みの一つに動画，写真，音声などデジタルデータを使って豊かに表現できることがあります。視聴覚情報により，伝えたいことを相手によりわかりやすく知らせることができ，思考力・表現力の育成にもつながります。

　事例として**協働での動画制作**を取り上げます。小学校5年生の社会科で米づ

くりを学習した子供たちは，大変な苦労と工夫のもとで米が生産されているのに，消費量が減少していることを学習します。米の消費をアップするために自分たちにできることを考える中で，米の消費を呼びかけるCMを制作することにしました。子供たちは，なぜ米の消費が減少しているか要因を調べたり，米を食べることの利点を調べたりして，どのようなCMにするか考えます。グループで話し合いを重ねてシナリオを考え，タブレット端末で撮影，アフレコ入力，編集作業をして制作。完成したCMはお昼の校内放送で流してもらうとともに，学校のホームページにも掲載し多くの人に発信することができました。

　タブレット端末を活用することで，このような表現活動が簡単にできます。アナログと違ってやり直しが簡単なため，内容吟味に時間をかけることができるうえ，デジタルデータとして保存できるので，メールで送信したりWebページで公開したりするなど，様々な発信方法を選択することができます。他にもデジタルガイドブックやデジタルマップの協働制作などが考えられます。1人でも制作はできますが，あえて協働で行うことによって，対話をしながら粘り強く合意形成する力を育成するねらいがあります。学習のまとめとしてこのような制作活動を入れると，学習の定着や学び直しにもつながります。

（5）学校の壁を越えて学習する

　ICTを活用すると，時間的・空間的制約を超えて世界中の人とリアルタイムでつながることができます。**Web会議システム**やWeb上にクラスを作成する学習支援ツールを活用し，遠隔地や海外の学校，学校外の人と意見交換をしたり，情報共有・情報発信を行ったりすることが可能になります。

　例えば，雪国の学校と温暖な地域の学校が交流し，互いの「今」を伝え合います。この活動により，各地域の気候の特徴や暮らしの違いをより強く認識できるでしょう。また，学校外の専門家とWeb会議システムで交流してインタビューをしたり，自分たちの考えにプロの視点からアドバイスをもらったりすることが学校に居ながらにしてできます。通常では体験できない専門的な内容を聞くことで，学習内容への関心を高められるでしょう。

　海外の学校と継続的に交流する**国際協働学習**もICTの魅力です。たとえば共通のテーマを設定し，Web会議システムや電子掲示板を使って構図や色を相談

しながら，協働で1枚の壁画を制作するアートマイル壁画プロジェクト（JAPAN ART MILE; http://artmile.jp）があります。異なる考えや文化にリアルタイムに触れることにより，多様なものの見方を身につけることができます。

3. ICT を活用した協働学習で大切にしたいこと

　これまで述べてきたように ICT は対話や協働を支える効果的なツールですが，ICT を使えば必ず対話が活性化し，協働性が高まるかというとそうではありません。「みんなの考えを知りたい」「みんなと話し合いたい」と思わせる必要感のある課題設定や，この話し合いで何がわかるようになればよいのかという目標の共有，協働して学ぶよさを価値づける教師の言葉かけといった授業のしかけが大切です。

　また，協働学習を円滑に推進するファシリテーターの育成や，対話スキルの育成などの日常的な指導のほか，相手を受容しながら建設的に意見を出し合えるあたたかな関係づくりなど，「協働の土台」を育てることも大切です。

　対話・協働は，それ自体が目的ではなく，その過程を通して授業のねらいに迫り，自分の考えを深化させることが目的です。そのためにも，協働学習と個別学習・一斉学習を組み合わせ，協働が確実に個々の成長につながるように学びを振り返り，自己内対話できるような授業設計をすることが重要だと考えます。

############################ やってみよう・試してみよう ############################

①3〜4 名のグループをつくり，共同編集ツールを使って自分たちの学校を紹介するプレゼンスライドを作成しましょう。その後，他のグループと共有フォルダをつくってスライドを共有し，互いの作品を鑑賞してコメントしましょう。

②①の活動を通して，グループ内の対話や，他の人の作品から学んだことは何でしたか？　整理してレポートにまとめましょう。

第11章 個別最適化された学びを実現するICT

北澤　武

┌─ ○┘ KEY WORDS ─────────────────────────────
│ 個別最適化された学び，自己調整学習，スタディ・ログ，教育ビッグデー
│ タ，適正処遇交互作用
└───

1. ICTの環境整備と新学習指導要領の実施

　皆さんが通っていた小学校，中学校，高等学校は，どのようなICTが整備されていましたか。2019年12月19日に，当時の文部科学大臣であった萩生田光一氏は「子供たち一人ひとりに個別最適化され，創造性を育む教育ICT環境の実現に向けて～令和時代のスタンダードとしての1人1台端末環境～」のメッセージを出しました（文部科学省，2019）。このGIGAスクール構想が公表されたタイミングは，2020年度より，小学校から段階的に新しい学習指導要領が実施される直前のことでした。「個別最適化」という考え方は，文部科学省内のワーキンググループや経済産業省の「未来の教室」事業等で議論されてきました。実現を目指す学びの姿の一つとして具体的な施策を伴って初めて掲げられたのもこのタイミングです。

　各校種の学習指導要領の総則には「コンピュータや情報通信ネットワークなどの情報手段を活用するために必要な環境を整え，これらを適切に活用した学習活動の充実」を図ることが記述されています。各学校でICTを活用した学習活動を十分に実現させるためには，学校のICT環境を整備することが喫緊の課題となっていました。

　GIGAスクール構想の実現と，Covid-19の影響により，令和3年3月現在，96.5％の自治体で小・中学校の児童生徒に1人1台の端末を準備することができました（文部科学省，2021）。自治体によって，端末の準備に遅れが生じたり，1人1台端末による教員の授業力に差が生じたりしていることが課題となっ

ています。それでも，1人1台端末を活用した対面授業や家庭学習，および，ネットワークを介した学校と家庭のやりとりが確実に普及してきています。教室の中だけにとらわれない，端末活用が認知されたといえるでしょう。「個別最適化された学び」はこのようなICT環境を前提にその実現が目指されています。

2. 個別最適化された学びとは

個別最適化された学びとは，どのような学びなのでしょうか。

我が国のこれからの学びのあり方として，溝上（2020）は，「教師がICTを活用して負担を抑えながら児童生徒の学習到達度等を把握して，支援が必要な児童生徒に重点的な指導を行うとともに，児童生徒が自らの学習を調整（self-regulated learning：**自己調整学習**）しながら，粘り強く取り組む態度を育成する『指導の個別化』が必要である」と述べています。これに加えて，児童生徒の興味・関心に応じて，ICTを活用しながら自ら学習を調整し，課題設定，情報収集，整理・分析，まとめ・表現など，主体的に学習を最適化することを教師が促す**学習の個別化**が重要であることも述べています。

自己調整学習とは，学習者が自ら「予見」「遂行コントロール」「自己省察」の3段階を繰り返し循環させる学習活動です（ジマーマンとシャンク，2006）。「予見」では自ら目標を設定し，「遂行コントロール」では目標に向かって課題を進めつつ，上手く進んでいるかどうかを自らコントロールし，「自己省察」では設定した目標と実際に取り組んだ成果を比較しながら振り返り，次の目標設定を考えるような学習活動になります。個別最適化された学びとは，各々の学習者が自己を理解しながら自己調整学習を行うという，学習者の視点に立った概念といえます。

中央教育審議会（2021）は「『令和の日本型学校教育』の構築を目指して〜全ての子供たちの可能性を引き出す，個別最適な学びと，協働的な学びの実現〜（答申）」を公表しました。この内容，および学校とテクノロジの関係は第7章で紹介されていますので，ここでは割愛します。本章で強調したいことは，上記の答申の中で述べられている学校教育が直面している課題とICTの関係です。学校現場は，子供たちの多様化，生徒の学習意欲の低下，教師の長時間労働，情

報化への対応の遅れ，少子化・人口減少の影響，感染症への対応の課題を抱えながら，ICTを上手に活用して，子供たちの「個別最適化された学び」と「協働的な学び」を一体にした取り組みを行うことが急務となっていることに目を向ける必要があります。

3. 1人1人の学びをデータとして蓄積する意義

　子供たちの個別最適化された学びを実現するICTについて議論する前に，教育に関するデータには，どのようなデータがあるか考えてみましょう。

　5W1Hで考えてみますと，学習者がいつ，どこで，何を，誰と，どのように学習していたかがわかるデータが考えられます。このようなデータは**スタディ・ログ**（学習履歴）と呼ばれます。より具体的な学習場面でみてみましょう。小学校の生活科や理科では，季節に応じた動植物の観察を行う学習があります。春の時期に咲いている植物と昆虫を調べる活動を行う場合，学校内では児童が好きな場所を探しながら観察することが考えられます。この授業では，教員は個々の児童に対して最適な学びを把握することが求められます。そのための情報として，5W1Hに着目することが必然と考えられますが，それぞれの児童が，いつ，どこで，何を，誰と，どのように観察し，どのような学びを得たかは，教師はどのように見取るでしょうか。おそらく，教室に戻った後，児童の発言を通じて理解したり，授業後に回収したワークシートの記述内容から把握したりすると思われます。

　もし児童1人1台の端末により，各々の児童の5W1Hを教師が瞬時に端末で把握できるとどのような利点があるでしょうか。おそらく，観察が滞っている児童のところに足を運んで支援をしたり，観察終了後にどの児童の学びを皆に共有すればよいか目星をつけておいたりすることが可能でしょう。

　さらに，子供たちどうしで，相互に端末を介して5W1Hを瞬時に理解できると，自身の観察を行いながら，他者の情報を把握し，自分にはなかった考えや学びを発見できるようになるかもしれません。観察終了後に教室に戻り，観察したものを相互に共有する時間をわざわざ費やさなくてもよくなるかもしれません。これにより，何を観察したのかという議論が省略され，代わりに何に気

づき，何を学んだのかについて対話する時間が多くなり，より深い学びが期待できるかもしれません。

　持ち帰りが可能な1人1台端末であると，5W1Hのデータは授業時間のみならず，家庭学習の記録も蓄積されます。例えば，ドリルアプリに取り組んだ場合，その子供の学習時間や正答率も記録され，瞬時に振り返ることが可能になります。さらに，小テストや定期テスト，各種質問紙調査の回答結果も蓄積が可能になります。蓄積された**教育ビッグデータ**は，自身が苦手とする分野を把握したり，成績が良い子供の学習方略の特徴をAIで分析したりすることが可能になってきました。

4. 教育ビッグデータの分析とその活用

　子供たちには興味関心，得意・不得意など，さまざまな個性（適性）があります。教育的な支援（処遇）と適性には相性があることをクロンバックは**適性処遇交互作用**と呼びました（Cronbach, 1957）。教育ビッグデータの活用例から個人差について考察してみましょう。

　ベネッセ教育総合研究所（2014）は，小・中学生を対象に，学習上の悩みについて調査しました。その結果「上手な勉強のやり方がわからない」の項目が，2番目に高い項目であることがわかりました（図11-1）。この回答は，とくに成績が振るわない子供たちの訴えであると予想されるとともに，自分に合った効果的な勉強方法について議論したり，共有したりしたいという要求が一定数存在することが伺えます。1人1台端末による家庭学習が導入されると，適性処遇交互作用により成績が下がる子供が存在するかもしれません。つまり，これまで紙のみで効率良く勉強していた子供が，端末という新しい道具が導入されることにより，これまでの学習方略を変更しなくてはならなくなるため，かえって勉強のやり方がわからなくなるという現象です。上記の児童生徒の要求を満たしたり，適性処遇交互作用により成績が下がってしまう子供を少なくしたりするためにも，教育ビッグデータをAIで分析しながら共有することは，意味あることと考えられます。

　岐阜市の中学校では，タブレット教材がインストールされ，持ち帰り可能な

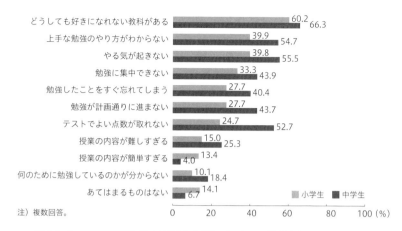

図 11-1　学校段階別にみた学習上の悩み（ベネッセ総合教育研究所，2014）

クラス	生徒ID	性別	昨年（2年生）の様子など			今回（6/18〜7/15）※前回 3/19〜6/17					
			学力		意識	学習の量		学習の質			
			初期学力（5月） B層→60以上：紫 C層→50以上：赤 D層→40以上：薄い赤	2年学年末テストの校内偏差値（2月）	この1年で、勉強はやればできるという自信がついた（3月）	レッスン量		初回正答率		解き直し正答率	
						今回	前回からの伸び	今回	前回からの伸び	今回	前回からの伸び
●組	×××	男子	B層	48	○	34	-19	0%	-60%	100%	45%
	×××	女子	B層	48	△	48	5	61%	0%	100%	18%
	×××	女子	C層	52	◎	80	31	68%	-1%	95%	-4%
	×××	男子	B層	55	◎	79	36	59%	-18%	94%	-6%
	×××	男子	A層	64	○	77	29	86%	-3%	100%	6%
	×××	男子	C層	50	△	72	25	87%	7%	100%	19%
	×××	男子	D層	40	○	142	-6	47%	8%	67%	0%
	×××	女子	C層	52	◎	82	27	73%	1%	100%	5%
	×××	女子	D層	42	○	161	-69	47%	10%	96%	0%
	×××	男子	B層	51	△	38	18	89%	1%	82%	4%
	×××	男子	C層	54	○	86	35	83%	5%	76%	-7%
	×××	男子	C層	38	△	26	6	75%	-8%	90%	-10%
	×××	女子	B層	55	△	55	27	75%	-6%	84%	10%

図 11-2　教員向けのフィードバック例（岐阜市教育委員会・ベネッセ総合教育研究所，2019）

生徒に 1 人 1 台端末が提供されました。そして，生徒がこの教材に取り組んだ時間や回数，取り組んだ問題と解き直した問題の正答率などを，教師と生徒にフィードバックする試みがなされました（図 11-2；岐阜市教育委員会・ベネッセ教育総合研究所，2019）。その結果，教師には見えづらい家庭学習での頑張りが把握でき，具体的な言葉で生徒を認められるようになり，それが生徒の学習意欲につながっていくことがわかりました。さらに生徒の特徴として，単に取り組んだ問題が多い生徒よりも，何度も解き直して正答率を 100% にしている生徒のほうが，知識が定着していることが明らかになりました。正答率を100% にするための学習方略を子供たちどうしで共有すれば，各々の勉強のやり方を理解し，自分に当てはまる学習方略を見いだせる可能性が高まるため，より多くの子供の個別最適化された学びが期待できます。

　これまで子供たちの勉強のやり方について，教育ビッグデータを活用した分析と教育現場での活かし方やその効果について述べてきました。教育ビッグデータから各々の児童生徒の特徴を分析し，個別最適化された学びを支援する取り組みは，他の自治体でも取り組まれています。例えば，大阪市では，毎朝，子供たちの健康状態を記録させ，そのデータを学習系システムと連携させながら子供たちを見取り，指導に活かす取り組みがなされています（大阪市教育委員会，2020）。蓄積できる学習記録データは，テキスト，画像，音声，動画と多様です。しかしながら，個別最適化された学びを実現するために，ICT でどのようなデータを蓄積していくべきか，分析結果をどのように可視化し，子供たちにフィードバックすればよいのかを引き続き議論することが重要です。

やってみよう・試してみよう

①個別最適化された学びを支援するために必要なデータはどのようなデータであるか，あげてみましょう。

②児童生徒の個別最適化された学びを支援するために，どんなデータから何を読み取れそうか，教師の立場でシナリオを考えてみましょう。

第12章

ICTによる学びの保障・遠隔授業の可能性

倉田　伸

┌─ O┴ KEY WORDS ─────────────────────────
遠隔教育，中山間地域，遠隔合同授業，オンライン学習，ハイブリッド型
授業，プレゼンス
└─────────────────────────────────────

1. ICTを活用した学びの保障

　遠隔教育を定義するのは簡単ではありません。なぜなら「遠隔」という言葉が物理的な距離をさすのか，通信技術を活用することなのか，あるいは，教える行為と学ぶ行為が離れていることなのかで意味が異なるからです。技術の発展によって遠隔教育の可能性が広がるため，これからは遠隔教育を厳密に定義することよりも，ある程度ゆるやかに整理する程度にとどめ，現代の教育課題の解決に向けて遠隔教育をどう取り入れるかをより意識すべきでしょう。

　持続可能な開発目標（SDGs）の一つ「質の高い教育をみんなに」のように，すべての子供の学習する権利を守る**学びの保障**は重要なテーマです。しかし，現在の日本社会において子供の学びの保障が難しい場面はいくつかあります。例えば，**中山間地域**の教育場面です。もちろん中山間地域の教育レベルが低いという意味ではなく，人口減少による極小規模校において，対話を通して多様な価値観を学ぶことが困難になりつつあるという意味です。極端な話，1学級に1人しかいなければ子供どうしの対話的な学びは通常不可能です。このような課題を解決するために，学校間をオンラインでつなぐ**遠隔合同授業**が効果的だといわれています。また，自然災害や感染症拡大などが原因で学校内での学びが困難となった場合も考えられます。2020年より蔓延しはじめたCovid-19の影響で世界中の学校が「臨時休校」となり，コロナ禍において子供の学びを保障することが困難となりました。学校と家庭をつなぐ**オンライン学習**が多くの学校で実施されました。

2. 遠隔合同授業

(1) 遠隔合同授業の概要

　遠隔合同授業とは，遠隔会議システムを利用して，離れた学校の学級どうしをつないで行う授業のことです（文部科学省，2019）。ICTを活用した遠隔教育には，遠く離れた学校と交流することで学びを深める遠隔協働学習があります（第10章参照）。それに比べて遠隔合同授業は，近隣の学校どうしが継続的にオンライン上でつながることで授業に参加する子供の数を増やし，小規模校の課題を緩和・解消することが主な目的となります。

　遠隔合同授業のためのICT環境構成は5種類あります（文部科学省，2020）。一つ目は「Web会議システム」モデルで，Web会議ツール（アプリ）を用いた比較的安価な構成です。二つ目は「テレビ会議システム」モデルで，専用の通信機器を用いた比較的に機器操作が容易となる構成です。三つ目は「遠隔会議システム＋児童生徒用情報端末」モデルで，一つ目もしくは二つ目の構成（または両方）に児童生徒用の端末を合わせることで学習活動の幅が広がる構成です。四つ目は「臨場感」モデルで，比較的高価な構成にはなってしまいますが，特大のスクリーンと高輝度タイプのプロジェクタを用いた等身大投影により教室の一体感を出すことが可能となる構成です。五つ目は「複式学級」モデルで，1教室内で2セットのICT機器を用いる必要がありますが，小規模校の複式学級での遠隔合同授業を可能にする構成です。遠隔合同授業のためのICT環境構成は様々ですが，各学校の実態や目的に合わせた整備が必要となります。

　遠隔合同授業のメリットには，「学習意欲や相手意識を高める」や「多様な意見や考えに触れる」などがあります。子供どうしの対話の中で，普段話したことのない相手へ発表する中でどうやれば相手に伝わりやすいだろうと創意工夫することが，子供の学習意欲向上や表現力向上につながります。このことは，小規模校に対してのみでなく，連携校が中規模校であっても両校ともに有効です。遠隔合同授業は両校とも良い学びになることを目指すことが重要です。また，子供たちの多様な意見や考えに触れることも重要です。例えば，習字の成果をオンライン上で共有することで自校の学級では見られない表現を知り，新たな価値観に子供が触れることができた事例もあります。つまり，教師と子供のやり

とりだけでなく，子供どうしのやりとりも非常に重要です。

（2）遠隔合同授業の例

　「遠隔会議システム＋児童生徒用情報端末」モデルの遠隔合同授業（外国語活動）を一つ紹介します。基本的にはテレビ会議システムを使った一斉形式の授業ですが，子供どうしの活動の場面では，グループで1台のタブレット端末を使います。図12-1は，極小規模校（同学年1名）の子供が，遠隔地にいる連携校の子供に対して英語を用いて道案内をするという活動の様子です。図12-1の真ん中にいる子供はアイマスクをつけており，自分の学校内であっても道案内をしてもらえないと歩けません。タブレット端末どうしをWeb会議ツールでつなぎ，小規模校の子供が，サポート役の1人が持つタブレット端末のカメラを通して遠隔地の状況を確認しながら英語で道案内をします。アイマスクをつけている子供が安全に歩けるような支援も必要であるため，もう1人のサポート役が必要です。意図的に擬似体験をデザインした授業ですが，英語を用いたコミュニケーションに必然性を持たせたうえでの対話的な活動を実現できています。

　遠隔合同授業はとても魅力的ですが，慣れるまでには時間がかかります。初めて遠隔合同授業をやってみる際は，いきなり授業から行うのではなく，機器や環境に慣れることを目的として朝の会や帰りの会などの時間を活用し，相手校とつないで交流することから始めることをお勧めします。

図12-1　遠隔合同授業活動の様子

（3）遠隔合同授業で教師が意識すること

　テレビ会議システムなどのツールを使うだけでは教育効果は高まらないと従来から指摘されています。遠隔合同授業を行う際，教師はどのような役割を意識する必要があるのでしょうか。遠隔教育における一般的な教師の役割として，「存在を感じ取れるような配

慮」「相互作用の促進」「分かりやすい授業内容の提示」「学習状況の把握」など
があげられます（鄭・久保田，2006）。**存在を感じ取れるような配慮**のために
は，教師は授業中に学習者の名前を呼んだり，カメラ越しであってもジェス
チャーや身振り手振りをしながら説明したりして相手を意識させます。**相互作
用の促進**のためには，定期的に相手校の子供に呼びかけて意見を聞いたり，必
要に応じて電子メールやチャット機能を介して質疑応答を促したりすることが
大切です。**分かりやすい授業内容の提示**のためには，重要な部分を反復したり
視覚化したり，伝え方を工夫します。**学習状況の把握**のためには，授業後の
フィードバック（質問・課題・意見）を受け取り，継続的に授業を見直します。
対面での通常の授業でも大切なことですが，遠隔合同授業ではとくに意識する
必要があります。

　遠隔合同授業は二つ（以上）の教室で行う関係上，2名（以上）の教員が担
当し，授業進行を受け持つ教員（T1），T1を支援する教員（T2）に役割が分か
れます。T1は連携校の児童生徒の活動の状況を把握しながら授業を進める配慮
が必要です。T2は連携校の教員が授業進行に専念できるよう支援することに加
え，自校の子供に対して補足説明をしたり発表を促したりする役割もあります。
よって，遠隔合同授業におけるT2は単なる補助ではなく，助言者としても重
要な役割を担っています。

3. 学校と家庭を同時につなぐオンライン学習

（1）学校と家庭を同時につなぐオンライン学習の概要

　学校と家庭を同時につなぐオンライン学習は，前述の遠隔合同授業とは異な
り，必ずしも子供が教室にいない状況の遠隔教育です。日本教育工学会の教育
の情報化SIG（Special Interest Group）がWebで公開している「学校と家庭を
つなぐオンライン学習実践ガイド」（日本教育工学会，2020）では，学校と家
庭を同時につなぐオンライン学習のパターンを四つ紹介しています。一つ目は，
子供たち全員が学校にいないケースで，臨時休校時での実践を想定したオンラ
イン学習です。いつもどおりの教室での授業（ただし子供たちは教室に1人も
いない）をWeb会議ツールで配信する方法と，授業支援ツールなどを使ってコ

ンピュータの画面を配信する方法があります。二つ目は，学校で授業は通常どおりに行われているけれども特定の子供が何らかの理由で学校へ登校できないケースを想定したオンライン学習です。ある意味，教室での対面学習と教室外から子供が参加するオンライン学習を同時に行うスタイルになります。このスタイルは一般的に**ハイブリッド型授業**（ハイフレックス型授業）とも呼ばれています。三つ目は，朝の会で健康観察などを行うケースで，Web会議ツールでカメラをオンにすることで担任の先生は子供の表情などを確認しながら健康状態をチェックできます。健康観察は授業ではないですが，教師が子供の状況を把握するという教育上重要な場面となります。四つ目は，ライブ配信サービスを用いた学校行事の配信です。カメラで撮影している学校行事の様子をそのままライブ配信サービスを用いて公開することで，何らかの理由で学校行事に参加できない子供や保護者への参加を可能にします。

（2）学校と家庭を同時につなぐオンライン学習の例

　学校と家庭を同時につなぐといっても，50分近く継続してつないでしまうと子供たちの集中力が続きません。よって，個別活動とリアルタイムでやりとりする活動を組み合わせた事例として，調べたことを共有させるオンライン授業のやり方を紹介します。初めに，教師が学習者それぞれに課題を出し，子供たちはそれぞれ時間を合わせずに調べ学習を行います。その際，オンライン上で共同編集できるサービスを用いて，子供たちに発表資料を作成させることが有効です。例えば，調べ学習の発表原稿をオンライン上で共有できるプレゼンテーションソフトで作成すれば，教師は活動の進捗状況をその都度把握でき，必要に応じてコメント機能等で個別にアドバイスができます。その後，子供たちはWeb会議ツールを利用して学習成果を発表し，最後に議論を行います。このオンライン授業のメリットは，発表の形式が事前に決まっていれば，授業の形態を大きく変えることなく実施できることです。また，個別活動とリアルタイムでやりとりする活動を組み合わせることで，無理なく効果的に授業を進めることができます。

（3）学校と家庭を同時につなぐオンライン学習で教師が意識すること

　学校と家庭を同時につなぐオンライン学習は，遠隔合同授業との形態が類似していますので，基本的には遠隔合同授業で意識することがそのまま有効ですが，その中でも「存在を感じ取れるような配慮」がとくに重要です。なぜならば，学習中は子供たちの周囲に教師も仲間もいないからです。オンライン学習への意欲向上のためには教師や仲間の存在が必要不可欠です。存在（**プレゼンス**）は，そこにいること自体に価値があります。学校と家庭を同時につなぐオンライン学習では，教師や仲間の存在を感じ取れるように配慮しましょう。

（4）学校と家庭を同時につなぐオンライン学習の留意点

　学校と家庭を同時につなぐ際の留意点を三つ紹介します。一つ目は**コスト面**です。家庭のオンライン通信環境が定額制ではない可能性があります（スマートフォンの場合，従量制プランも存在します）。よって，データサイズが大きいファイルをむやみに共有したり，長時間Web会議ツールでつないだりする際は配慮が必要です。二つ目は**健康面**です。黒板を見ることとコンピュータの画面を見ることは，眼精疲労の面で大きく異なります。画面に提示する色についても目が疲れない配色にするなどの工夫も必要です。三つ目は**著作権**です。遠隔合同授業と大きく異なるのは，子供が教室で授業を受けていないため，著作権法第35条の教育機関等における特例が適用されない可能性があることです。ただし著作権法は時代によって少しずつ変わってきていますので，教師は最新の情報を得ながら判断していく必要があります。他にもいくつか留意点がありますが，子供たちが安心して学ぶ姿を想像しながらオンライン学習に取り組んでいくことが大切です。

やってみよう・試してみよう

①4～5名のグループを作り，その中で1名教師役を決め，Web会議ツールを用いたオンライン朝の会を10分程度で模擬実践しましょう。

②模擬実践を振り返り，うまくいったことや難しかったこと，今後発展させてチャレンジしたいことなどを整理してレポートにまとめましょう。

第13章 幼児教育における ICT活用

堀田博史

- ○- KEY WORDS ------------------------------------
**情報機器の活用，プログラミング体験，保育業務支援システム，デジタル
絵本，カメラ機能**

　幼児教育でのICT活用と聞いて，何をイメージされるでしょうか。「スマート
フォンでYouTubeを見る」，「お絵描きアプリで落書きあそび」，「デジタル絵本
の読み聞かせ」などをイメージされた皆さんはいるでしょうか。どこでICTを
活用していますか。スマートフォンでYouTubeを見るのは，おそらく家庭です
よね。読み聞かせもスマートフォンやタブレット端末を使用するので，家庭で
す。このように，幼児教育でのICT活用といえば，家庭で幼児が使用するイメー
ジを想像しやすいかもしれません。しかし，幼児教育は，家庭における子育て
だけではなく，幼稚園や保育所などの保育現場，そして地域社会での教育も含
んでいます。ここでは，とくに保育現場に注目し，家庭でのICT活用にも言及
しながら進めていきます。

　幼児教育でのICT活用といえば，大きくは以下に分類することができます。

① （家庭や保育現場での）幼児のICT活用
②保育現場の事務的作業を円滑に進める保育業務支援システム
③保育現場で子供の主体的な遊びを支援する保育者のICT活用

　上記に分けて，もう一度幼児教育での様々なICT活用をイメージしてみましょ
う。いくつ想像することができるでしょうか。意外と多くをイメージすること
は難しいでしょう。小学校以降のICT活用に比べ，事例が公開・共有されてお
らず，まだまだ幼児教育のICT活用は始まったばかりなのです。

1. 幼稚園教育要領でのICT活用に関する記述

文部科学省が平成30年2月に発行した幼稚園教育要領解説（他に，保育所保育指針解説，幼保連携型認定こども園教育・保育要領解説もありますが，本章では，幼稚園教育要領解説を中心に述べます）には，**情報機器の活用**について，以下のように記述があります。

幼児期は直接的な体験が重要であることを踏まえ，視聴覚教材やコンピュータなど情報機器を活用する際には，幼稚園生活では得難い体験を補完するなど，幼児の体験との関連を考慮すること。……（中略）例えば，園庭で見付けた虫をカメラで接写して肉眼では見えない体のつくりや動きを捉えたりすることで，直接的な体験だけでは得られない新たな気付きを得たり，自分たちで工夫してつくった音などを聴いて遊びを振り返ることで，体験で得られたものを整理したり，共有したりすることができるであろう。（文部科学省，2018）。

例示として，昆虫の接写が載っています。保育者が，子供が捕まえた昆虫を**デジタルカメラ**や**タブレット端末**で撮影して，拡大提示することで，子供の興味・関心がさらに深まることもあります。

図13-1のNHK for School「ものすごい図鑑」は，数種類の昆虫を超拡大表

図13-1 NHK for School　ものすごい図鑑
https://www.nhk.or.jp/school/sukudo/zukan/
（2021年5月21日参照）

示できるWebアプリです。子供たちが興味をもった昆虫を，保育室のテレビやプロジェクタに映し出すことで，その微細な部分に驚きと発見が生まれます。ぜひ，試してみましょう。

　幼稚園教育要領に，「幼稚園生活では得難い体験を補完する」とあります。保育者が日々の活動で，子供が興味・関心を持った内容を，デジタルカメラやタブレット端末で写真や動画に記録・保存しておくことで，後々振り返りができ，子供の体験を補完することができます。

2. 幼児のプログラミング的思考のめばえ

　第17章では，小学校のプログラミング教育について述べられていますが，ここでは幼児期に**プログラミング体験**（年長組）をしている事例を紹介します。

　図13-2のような知育ロボットaliloを活用しています。保育のねらいは，グループの友だちと対話しながら考え，課題を解決しようとすることと，グループで考えたことを自らのことばで伝えようとすることです。

　まず，年長組の担任から，ミッションが子供たちに出ます。この日のミッションは「ありろを9かいうごかしてごーるをめざそう！」と「かんがえたこーすをはっぴょうしよう！」です。4〜5名のグループに分かれて，子供たちは，幾度となくカードを並べなおして，話し合います。実際にaliloを動かしてみると，あと一歩のところでゴールに到達しません。「なぜだろう」「こうすればいい！」など，アイデアも湧いてきます。担任は，子供たちの様子を見て回り，グループで協力して頑張っている姿を褒めたり，なかなかaliloが思い通りに動かないグループにはヒントを出したりします。たっぷりと子供たちで話し，考える時間をつくります。担任からは，グループでの話し合いにおいて，自分の考えを主張したり，友だちの意見も

図13-2　考えた道順通りにaliloが動くか確認する子供たち
（鹿児島市・学校法人白石学園認定こども園・辻ヶ丘幼稚園，2020年11月6日撮影）

しっかり聞くことができたり，期待通りの成果を得ることができた，と感想が
ありました。

　小学校のプログラミング教育の目的とは異なり，ここでは「思考のめばえ」
を目指しました。友だちと一緒に課題を解決するために考え，友だちが理解で
きる言葉で自分の伝えたいことを表現しないといけません。考えて，伝えて，そ
してまた考えて，伝える，というサイクルが動きます。時には，表現の方法を
変えたりして，子供たちは考えたりすることの楽しさや大切さを身につけてい
きます。思考のめばえをねらった活動は，知育ロボット alilo でなくても実践で
きます。例えば，「遠足の日」を題材にして，遠足で撮影した写真を並べ替えて，
話のストーリーを組み立て，友だちに伝えることもいいでしょう。

3. 保育業務の ICT 化で子供と接する時間を増やす

　第 14 章では，小学校や中学校での校務の情報化とデータ活用について述べら
れていますが，幼稚園などの保育現場では，**保育業務支援システム**や**保育 ICT
システム**などと呼ばれ（本章では「保育業務支援システム」と呼びます），保育
者の事務作業の負担軽減を目指し，子供たちと接する時間を確保するものです。

　保育業務支援システムで優先的に導入されるのが，園と保護者とで連絡・情
報共有するアプリです。図 13-3 の「hugmo」を，そのようなサービスの一例と
して示しました。日常のお便りや出欠の確認，園バスの遅延状況など，今まで
は，紙の連絡帳を用いてのやり取りや電話で行っていたことが，スマートフォ
ンやタブレット端末の普及で一気にデジタル化されつつあります。

　その他にも，保育での子供の活動をタブレット端末で撮影し，映像を選択・
整理したもので，お迎えに訪れた保護者と振り返ることがあります。デジタル
カメラではモニターサイズが小さすぎますし，デジタルカメラを保育室のテレ
ビに接続するには移動も大変です。タブレット端末で子供の姿を保護者と共有
することで，園での生活や日頃の子供の頑張りなどを知ることができます。家
庭でも園の様子が話題となり，保護者との関係性も良くなることでしょう。

　2020 年春先に Covid-19 が拡大して，登園できない状況がありました。そこ
で，園から家庭への情報発信として，保育者が工作や歌唱などを行っている動

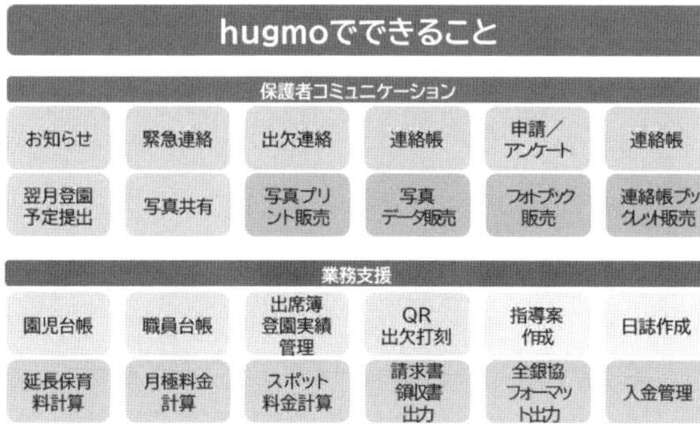

図13-3 hugmoのサービス一覧
https://www.hugmo.net/（2021年5月21日参照）

画をYouTubeなどで配信する試みが起こりました。また，園と家庭をオンライ
ンで接続して，健康状態の把握や懇談会なども行われました。登園が再開され
てからも，ICTを活用した取り組みは一部継続されています。保護者は園での
子供たちの様子を知りたくて仕方ありません。そこで，生活発表会の様子を当
日ビデオ録画して，数日後編集されたものをYouTubeで限定公開する試みやク
ラス便りを保護者のSNSに送信する試みを継続している園があります。緊急事
態が起こることで，その対応策の一つとしてICTが活用されました。今後も保
育者や保護者にとって，ICT活用で効果があった便利な取り組みが残り，園と
保護者をつなぐICT活用は継続されていくことでしょう。

4. 家庭や保育現場で人気のあるデジタル絵本の効果

　第9章では，デジタル教科書について述べられていましたが，幼児期の子供
の教科書といえば絵本や図鑑が思い浮かびます。皆さんは，どのような絵本や
図鑑をよく読みましたか？
　2000年代初頭に，マルチメディア絵本として『リビングブックス おばあちゃ
んとぼくと』が発売されました。マルチメディア絵本は，音声で読み上げてく
れる機能のほかに，絵本の様々な箇所をマウスでクリックすると動いたりする
など楽しい仕掛けが隠れています。紙の絵本と一緒に，マルチメディア絵本が

インストールされたノートパソコンが書棚に飾られた幼稚園もありました。現在では，マルチメディア絵本よりも**デジタル絵本**という言葉をよく聞きます。機能はほぼ同じです。ここでは，デジタル絵本の効果について考えてみましょう。

「絵本の思い出」をイメージしてみてください。寝る前にお家の方に読んでもらった経験や，保育所で毎日先生に好きな絵本を読んでもらった経験を思い出したりするでしょう。絵本といえば，読んでもらうという受け身の傾向があります。もちろん，絵本の内容について，保護者や保育者，友だちと話をしたり，時には遊びに発展したりもします。デジタル絵本も同じく受け身の傾向があるのでしょうか。佐藤ら（2013）の研究では，「紙絵本では親主導で読み聞かせが行われるのに対し，タブレットでは子供中心で操作が行われるケースが多くみられた。一方，タブレットでは絵本に接する時間が増え，子供からの発話数も増える傾向にあった。親子の対話も紙絵本と異なる内容が生じており，飽きずに物語世界を繰り返し堪能している様子がみられた」と報告されています。読み聞かせてもらう人の声の抑揚や表情，何より対話を通して思考や表現することの楽しさを深めていきます。

それでは，保育でデジタル絵本を使用することで，本章 1 節で述べている幼稚園教育要領解説にある「幼稚園生活では得難い体験を補完する」ことができるのでしょうか。皆さんが考えるときに重要なことは，「得難い体験」だけに注目するのではなく，情報機器活用のバランスにあります。デジタル絵本ばかりを読み，紙の絵本を読まない，など偏りのある保育をイメージしていないでしょうか。紙にもデジタルにもそれぞれの良さがあります。幼児期は，とくに飽きるまでどちらかに偏りがちです。子供は紙の絵本にはない，デジタル絵本の楽しさを発見しているかもしれません。週の始まりの朝はクラス一緒に絵本を読み，週の終わりの昼食後の時間にはデジタル絵本を読んでみるなど，計画的な活用が望まれます。

5. カメラ機能を活用した実践紹介

デジタルカメラやタブレット端末のカメラ機能（写真・動画撮影）を使用した実践について紹介します。一瞬を記録することで，後で振り返りに使用する

ことができます。振り返りの楽しさを子供たちは実感しています。

（1）大好きなお母さん・お父さん

　母の日や父の日の保育参観を前に，毎日順番に子供たちにデジカメを持ち帰らせます。そして，「大好きなお母さん（または，お父さん）の写真を1枚撮ってきてね」と伝えます。クラス全員の子供たちの撮影が終了するのに約1か月かかります。参観当日，撮影された写真を保護者と一緒に見ます。胡坐をかいている姿や欠伸をしている姿などもあり，お母さんも赤面します。その後，プリンターで印刷して，台紙に糊づけして，「おかあさん，いつもありがとう！」という気持ちを込めたメッセージカードを完成させます。

（2）遠足を思い出して壁新聞をつくろう

　遠足にタブレット端末を1台持参して，保育者が子供の遊んでいる様子や遠足の風景を撮影します。子供にもタブレット端末を渡して，写真を撮ります。園に戻り，壁新聞を制作するときに，子供はタブレット端末の写真を見て振り返り，選択したものをプリンターで印刷します。壁新聞の一部に貼りつけた写真は，子供のこだわりの1枚です。クラスの友だちの前で発表するときも，いつも以上によく話をしてくれます。

（3）ビオトープをビデオ通話で紹介しよう

　園内にビオトープ（生き物が自然に近い状態で暮らせる人工環境）を持つ二つの幼稚園が，お互いのビオトープについて手紙で交流をします。両園で話し合い，手紙の交流に加えて，ビデオ通話（FaceTime）での遠隔交流に発展させました。日頃，会うことのできない友だちとの対面に，子供たちは大興奮です。伝え合う楽しさや他園のビオトープのことを知り，より環境に興味や関心を深めることができます。ビデオ通話は，双方向のやり取りが可能なので，交流もスムーズです。

　その他に，園外保育で散歩に出かけたときに，子供たちが草花の名前や特徴について聞いてくるときがあります。そのようなときは，Googleレンズ（アプ

リ）などで対象物をスキャンして，名前や特徴を瞬時に調べることができます。また，My図鑑（アプリ）などで，撮影した写真に索引をつけて保存することで，クラスのオリジナル図鑑が完成します。

6. 幼児教育でのICT活用の留意事項

　幼児教育でのICT活用，とくに幼児の活用には賛否があることは想像できるでしょう。「泥んこになって遊ぶのがいい」「視力低下につながる」などの反対意見もあります。上記の実践すべてに当てはまりますが，幼児の活動がより探究的，主体的に発展するためには，ICTを使用するタイミングが重要です。例えば，子供が「うさぎの耳は，なぜ長いの？」と問いをもてば，保育者がインターネットで調べて回答する。子供の表情や様子を見ながら，図鑑で調べたり，今後行く動物園の飼育員さんに聞いてみたりと，状況に応じた答えは様々です。時には，ICTの活用により，幼児の興味・関心を変化させたり，遊びを中断させることもあります。保育の質向上を目指して，ICTを活用する場面を考えていきましょう。

　以下のURLには，幼児教育でのタブレット端末活用などの事例が掲載されていますので，参考にしてください。

http://hotta-lab.info/kids/handbook20200727.pdf

////////////////////////// **やってみよう・試してみよう** //////////////////////////

①本章5節に記載のあるデジタルカメラやタブレット端末のカメラ機能（写真・動画撮影）を使用した活動例を「〇〇のために，△△して，□□する」の書き方で三つ考えてみましょう。

②幼児教育でのICT活用に関するWebサイトの事例はまだ数が限られています。そこで，Webサイトを探索して，それらをクラスでまとめた「幼児教育でのICT活用関連Webサイト一覧」を作成してみましょう。

中尾教子

第14章　校務の情報化と教育データの活用

- O┘ KEY WORDS --
校務の情報化，校務支援システム，教育データ，教育プラットフォーム

1. 校務の情報化

（1）校務とは

　皆さんは，**校務**という言葉を聞いて何を思い浮かべるでしょうか。中央教育審議会（2006）の資料によると，「校務」とは，「学校がその目的である教育事業を遂行するため必要とされるすべての仕事である」とされています。学校教育法の下位法である学校教育法施行規則の第43条には「小学校においては，調和のとれた学校運営が行われるためにふさわしい校務分掌の仕組みを整えるものとする」とあり，教師は学校がスムーズに運営されるよう校務を分担する，すなわち，分掌（手分けして受け持つ）することになっています。

　一般的には，学校における業務のうち，授業に関する業務以外の業務が「校務」と呼ばれます。例えば，通知表を記入する，学年便りを作成するなど従来の業務に加え，新型コロナウイルスの流行下では，清掃・消毒作業といった業務も教師の新たな校務として発生した自治体もあったと聞きます。日本教育工学振興会（2006）の資料では，学校の業務を「授業」「学校事務」「事務以外の実務」に分類したうえで，「事務以外の実務」（例えば，前述の消毒作業のようなもの）は**情報化**の対象となりにくいため，「学校事務」を「校務」と定義づけています。

　限られた勤務時間の中で，いかに効率よく校務を進めるか，そして，教師の本質的な仕事である授業や授業準備，児童生徒の理解に時間を費やすことができるかが課題となっています。

（2）校務の情報化とは

　校務を情報化する，とはどういうことでしょうか。「教育の情報化に関する手引」では，校務の情報化の目的について，「効率的な校務処理による業務時間の削減，ならびに教育活動の質を向上させることにある」と書かれています。すなわち，今まで，手書きや手作業で行っていた作業をコンピュータなどを用いて効率化し，生まれた時間を教育活動の質の向上のために活用するということです。

　例えば，通知表の所見欄に教師が直筆で書いていたコメントをコンピュータで印字したものにする，入学式や運動会などの行事に関する文書を校内の教師であれば誰でもアクセスできる共有フォルダ（共有ドライブ，クラウド）に入れておき，新年度の担当者がそれを参照して変更を加えるというようなことは多くの学校で実施されています。一方で，教師が異動すると異動先の学校では，異なる方法やシステムを用いていて，一から方法を覚えることになり，校務の情報化の目的から逸れてしまうということもあります。このように，校務の情報化については，一つの学校単位で対応できることと，次項で述べるように自治体単位の俯瞰した視点で捉えたほうがよいことが混在しています。

（3）校務支援システムとは

　現在では多くの自治体が**校務支援システム**を整備しようとしています。文部科学省「学校における教育の情報化の実態等に関する調査」では，2020 年 3 月 1 日現在，小学校の 63.5%，中学校 63.2%，高等学校 70.3% で校務支援システムが整備されています。公立学校の教師には採用された地域内での異動がありますので，異動先でも同じシステムが使えるよう，自治体内で共通したシステムを選定する**共同調達**という仕組みが推奨されています。

　校務支援システムの多くは，児童生徒の氏名や住所などの学籍情報，出欠状況，成績情報など，これまで別々の紙の書類やデータで管理していたものを一元管理できる機能と校内の教師間での情報共有や行事予定の掲示などをする機能があります。自治体によっては，教育委員会と学校間，自治体内の学校間で情報共有できるような設計にしています。

　校務支援システムを導入すると，教師の校務は実際に効率化されるのでしょ

実践編①

図 14-1　校務支援システムの画面イメージ

うか。校務支援システムを複数年継続して利用している小・中学校14校に対する調査（宮田ら，2016）では，校務支援システムの運用前と比較して1年後・2年後に，「出欠状況の把握」「情報共有」「転記ミスの少なさ」「評価内容の質的向上」「個人情報の保護」「効率的な処理」という点について校務の状況が改善されたことが示されています。また，校務支援システムの利用年数が1年目の教師に比べて2年目以降の教師は，児童生徒の状況把握や帳票印刷の機能に対して，より高く必要性を感じていました。使い始めは，システムの操作に慣れる必要があり，2年目以降のほうが，より必要性を感じるということかもしれません。

2. 教育データの活用

（1）学校現場で活用する教育データ

　教育データとは，初等中等教育段階の学校教育における児童生徒（学習者）のデータを指します。学習面では「学習履歴（**スタディ・ログ**）」，生活・健康面では「**ライフ・ログ**」があると整理されました（文部科学省，2021）。

　GIGAスクール構想により，今では，児童生徒が1人1台の情報端末を活用

し，各自のデータはクラウドに蓄積されています。第11章にあるように，端末上で**デジタルドリル**を利用すれば，正誤情報や到達状況，取り組み時間などが記録されます。第15章や第16章にあるように，端末上で**教育プラットフォーム**を通じて協働学習支援システム（グループウェアともいう。例えばGoogle Workspace for Education, Microsoft Teamsなど）を利用すれば，デジタルワークシートの記入内容や友だちのワークシートへのコメント内容が記録されます。これらは，学習履歴（スタディ・ログ）に相当します。児童生徒自身がデータを蓄積する時代になったのです。

　一方，前節で紹介した校務支援システム等に記録される，児童生徒の出欠情報，健康観察の状況，保健室への来室状況などはライフ・ログに相当します。ライフ・ログは主に教師が記録しています。

　以上のようなデータを義務教育9年間を通して蓄積する自治体もあります。を学習者や教師が学習や教育のために直接利用することを**一次利用**と呼びます。これに対して，行政機関や大学等の研究機関が匿名化されたデータを社会全体のために利用することを**二次利用**と呼びます。教師はこれらのデータをどのように活用しているのでしょうか。

（2）教師によるデータの活用

　「隣のクラスのあの子，最近，何か違うような気がするなあ」。そんな気がしたA先生は，コンピュータを起動し，ある生徒のデータにアクセスします。データを見ると，毎日学校には来ているようですが，遅刻が目立ちます。養護教諭が入力する，保健室の利用履歴も同じ画面に表示されています。1日おきくらいにその生徒が来室していることが記録されています。また，この学校では，教師が生徒の日々の様子で気になることやよかったことをメモする機能を利用しています。他の教師も，この生徒のことが気になったというメモがあります。スタディ・ログはどうでしょうか。授業中や家庭学習で取り組んでいるデジタルドリルの進捗は思わしくないようです。とくにこの2週間ほどが手についていないようです。これらの情報が，生徒ごとに集約されて一つの画面に表示されるため，いろいろな記録や書類を見比べる必要はありません。

　A先生は，「自分の思い違いではなさそうだ」と，この生徒の担任のB先生に

声をかけ，データを一緒に確認しながら，対応を考えることができました。

　このようなエピソードは，教師の見取りとデータを組み合わせて児童生徒の理解に努めようとしている学校からよく耳にする話です。データの活用は，校務を効率化するだけでなく，児童生徒の状態を多面的に把握できることから，学習指導や生徒指導においても有効に機能します。ただし，データが児童生徒の全てを記録しているわけではなく，児童生徒の一つの側面を表したものであるということを忘れてはいけません。あわせて，後述しますが，データを利用するのは誰なのかという，プライバシーやセキュリティにも留意する必要があります。

(3) システムやデータの活用を促進するポイント

　ポイントの一つ目は，普段の授業で児童生徒が活用している教育プラットフォームを教師が校務に使ってみるということです。例えば，若手教師どうしで，授業での情報端末の活用事例をシステム上で共有してみてはどうでしょうか。システムに慣れつつ，情報端末の活用事例を知ることができる一石二鳥の方法です。また，学校全体での取り組みは難しくとも，校務分掌の一つの部会などで，資料を印刷配布せず，コンピュータ上で閲覧，共有することを提案してみるのもよいかもしれません。そこから発展すれば，職員会議の資料はペーパーレスに移行するかもしれません。

　二つ目は，明らかに便利になりそうなところから使ってみるということです。例えば，校務支援システムで児童生徒の出欠登録を教室から行えば，管理職や養護教諭はすぐに確認できます（ただし，自治体の**教育情報セキュリティポリシー**によります）。月度や学期ごとの集計，通知表や指導要録への転記は不要になります。また，教育プラットフォームに付随するアンケート機能を用いれば，学校評価アンケートの印刷，配布，回収，集計にかかる時間が一気に短縮されます。これらのことは，システムやデータを活用する良さを教師と管理職の双方が体感できます。

　三つ目は，管理職を含め，教師みんなで取り組むということです。例えば，校務支援システムに行事や出張予定，伝達事項が掲示されているにもかかわらず，職員室の行事黒板にも同じことを書く，打ち合わせで同じことを伝えるといっ

た運用では，システムの活用も浸透しにくいでしょう。各教師に活用方法を任せる，コンピュータの得意な教師だけが取り組む，ということではなく，「このことについてはみんなでやってみましょう，うまくいかなければ別の方法を試しましょう」と管理職には柔軟な姿勢をとってもらいたいものです。学校現場でシステムやデータを活用することは，管理職の判断が必要なことも多く，若手教師が1人で取り組めることは，なかなかないかもしれません。しかし，「こんなことに使ってみたらどうだろう」という柔軟な発想を管理職は案外求めているかもしれません。

(4) データを活用した教育への期待

　日本では100年以上，黒板とチョークで教える教育が続いてきました。それが，図らずも新型コロナウイルスの流行によって，オンライン授業の必要に迫られ，またGIGAスクール構想によって，児童生徒がアカウントを持って情報端末を活用し，クラウドへアクセスするというデジタル化への大きな転換点を迎えました。

　情報端末上の窓口となる学習マネジメントシステム（**学習eポータル**）が整備され，デジタル教科書に線を引けば，教師のコンピュータでは誰がどの個所に線を引いているか確認できたり，**学習指導要領コード**に紐づいたデジタル教材が児童生徒の情報端末に表示されたりするのも時間の問題でしょう。ペーパーテストは，すでに**CBT**（Computer Based Testing：第1章参照）へ移行されつつあります。

　このようにして蓄積されたデータは教師だけのものではありません。教師は児童生徒が自らの学びを自覚できるよう仕向けていかなくてはなりません。ある単元で何が理解できていて何は理解できていないのか，どのくらいの時間をかけてどのように学んだのかを児童生徒自身がメタ認知するように促すのです。これらは第11章で紹介された「令和の日本型学校教育」において提案されている，学習履歴を活用した個別最適な学びに貢献することでしょう。それが教科，学年，入学から卒業，社会人になるまでつながっていきます。

　一方で教師は，個別の授業について理解度の確認や指導の改善のために利用するだけでなく，教科ごと，さらには教科等を横断した年間指導計画の見直し

に活用します。学校全体では，選択した教材や教育方法の適正さの確認，全学年を通じたカリキュラム・マネジメントに生かせます。自治体ではこれらのデータによって，選定した教科書や学習環境，教員研修の適切さなどを確認することができます。国全体ではこれらを**教育ビッグデータ**として扱い，学習指導要領の改訂や教育制度，教育行政のあり方まで検討できる材料とすることが可能になります。このように，データを活用するということは，1人の児童生徒に注目するということから国全体まで俯瞰して教育の質を向上することにつながっているのです。

　さて，ここまでに紹介した校務支援システムやデータの活用については，文部科学省『教育の質の向上に向けたデータ連携・活用ガイドブック』や玉置崇著『学校を元気にする次世代学校ICTシステム活用術』が参考になります。また，GIGAスクール構想で整備された情報端末を用いた校務の効率化については，文部科学省「全国の学校における働き方改革事例集」に目を通すとよいでしょう。

　皆さんが教壇に立つ頃には，本章で紹介したようなICTを活用した効率的な校務処理やデータ活用がなされているはずです。

やってみよう・試してみよう

①教育委員会の教員採用試験に関するページ等に掲載されている「教師の1日」を探してください。その中で，授業と校務それぞれの時間を求めてみましょう。

②校務系データと授業・学習系データが，小学校から中学校までの9年間を通して蓄積されるメリットとデメリットを書き出して，グループで話し合ってみましょう。

③教育実習先で，教師が取り扱っている教育データにはどのようなものがあるか観察してみましょう。また，現在は，教育データの形になっていないものでも，将来的には教育データとして扱えそうなものには何があるでしょうか。あなたはそのデータを教師としてどのように活用するか，未来を想像して書いてみましょう。

実践編 ②

児童生徒の情報活用能力の育成

第15章　1人1台を日常的に活用する

佐藤和紀

```
╭─ ○┘ KEY WORDS ─────────────────────────────────────╮
│  情報活用能力，DX，1人1台，LMS，キーボード入力          │
╰───────────────────────────────────────────────────╯
```

1. 我が国の子供たちのICT活用の状況

　2017年に告示された小学校学習指導要領（文部科学省，2017）では，「各教科等の学習の基盤となる資質・能力」として，総則に言語活動や問題発見・解決能力と並んで，**情報活用能力**（情報モラルを含む）が位置づけられました。また，「児童がコンピュータで文字を入力するなどの学習の基盤として必要となる情報手段の基本的な操作を習得するための学習活動」を計画的に実施することが示されました。さらに，文部科学省（2015）は小学校5年生および中学校2年生の児童生徒，それぞれ約3,000人を対象に，情報活用能力の習得状況を測定する調査をCBT（第1章参照）で実施しています。その結果，ICTを活用する頻度が高い学校の児童生徒は，情報活用能力が高いと示されています。

　一方で，OECD生徒の学習到達度調査（以下PISA2018；国立教育政策研究所，2019）のICT活用調査の結果，我が国は学校の授業におけるデジタル機器（スマートフォン等を含む）の利用時間が短く，OECD加盟国中，最下位でした（第3章参照）。「コンピュータを使って宿題をする」「関連資料を見つけるために，授業の後にインターネットを閲覧する」など授業外のICT活用頻度もOECD加盟国中最下位でした。したがって我が国の児童生徒は，ICTを学習の道具として活用する経験はOECD諸国と比較して少ないと考えられます。

2. 教育のデジタルトランスフォーメーション

　現在，社会のさまざまな分野で**デジタルトランスフォーメーション**（以下

DX）への取り組みが進んでいます（第7章参照）。中央教育審議会（文部科学省，2021）では，「ビッグデータの活用等を含め，社会全体のDX（Digital Transformation）加速の必要性が叫ばれる中，……（中略）学校教育の在り方を検討していくことが必要である」と述べられ，学校教育でもDXを推進していく必要性が理解できます。**GIGAスクール構想**（文部科学省，2019）による公立小・中学校すべての児童生徒への**1人1台**端末の整備はCOVID-19の影響で前倒しとなり，2020年度末をめどに大半の自治体で整備されました（文部科学省，2020）。

ところが，前節のとおりICTを学習の道具として活用する機会が限られていたため，児童生徒の情報活用能力が十分に身についていない課題があります。タイピングや，パスワードの管理など，日常の道具として当たり前に使うスキルが不足しているのです。そこで，このような1人1台端末が活用できる学習環境で，児童生徒がICTを活用し，情報活用能力を育成するためには，授業中のみならず，**学習管理システム**（**LMS**）などを日常的に活用していくことが望まれます。しかし，整備されたものの，自治体や学校間で取り組みに軽重がみられます。

3. 情報端末を「効果的」に活用した授業に向けて

「ICT，情報端末を効果的に活用した授業づくり」という校内研究のテーマをよく見かけます。では，情報端末を効果的に活用できる授業とは，子供や学校はどのような状態になっている必要があるのでしょうか。

日常的にICTを活用させている教師のいる学校や教室では，GIGAスクール構想以前からもICT機器が常設されてきた経緯があり，ICTを活用して教科書紙面を実物投影機で効率的に拡大して示し，教師の発問・指示・説明といった発話のレベルが上げられています（高橋，2015）。また，子供は日々の教師の姿や振る舞いからも情報端末の活用の仕方を学んでいます（エルモ社，2019）。

また，情報端末を効果的に活用した授業では，教師からの情報端末に関する指示や説明などの発話が少ない状態がみられます。情報端末を繰り返し活用してきた結果，教師からの支援が必要のない程度のレベルで活用されていると考

えていいでしょう。一方，情報端末に関する発話が多い場合は，子供たちが支援なしには活動が成立しにくい状態であることを表しています。例えば「左上の保存ボタンを押してください」と教師が指示するときは，保存をし忘れる子供が多いときの発話です。「ドライブに保存してください」と指示するときは，作業やデータを保存することが当たり前ではないときの発話です。「クラスルームを見てください」と指示するときは，Google Classroomから情報を得ることに慣れていないときの発話です。

　情報端末の発話が多いということは，子供の情報端末を活用するスキルは低く，教師が多くの支援をしなければなりません。他方，情報端末に関する発話が少ないということは，子供たちの情報端末を活用するスキルが高く，指示や説明，支援が必要ないレベルに到達していると考えられます。

4.「情報端末を効果的に活用した授業」ができる学校

　「情報端末を効果的に活用した授業」ができる学校では，授業中のみならず学校生活の全般で日常的に情報端末を活用している場面が見受けられます（教育家庭新聞，2021）。そして，教師も子供も情報端末を「便利な道具」として捉え，授業のみならず学校生活の全般で日常的に活用しています。

(1) LMSを日常的に活用する

　静岡市立南部小学校では，担任が，Google Classroomに時間割（図15-1）を投稿しています（浅井公太教諭）。この活用を通して，家でログインできる児童は，Classroomをチェックして，学校の用意をすることになりました。また，家でログインできない児童は，休み時間に予定帳に転記しました。6年生になると，朝やお昼に委員会活動があり，まとまって予定記入の時間が確保できませんが，Google Classroomを使えば，児童が好きな時間に転記できるようになります。

　焼津市立豊田小学校では，Google Classroomを活用して宿題が提出されています（棚橋俊介教諭）。毎日取り組む音読は，ドキュメントを配布して音声入力するようにしています。また，あらかじめ動画クリップを自宅で見て考えをま

図 15-1　Google Classroomで連絡を伝える

図 15-2　Google Classroomで家庭学習の指示説明とファイルを送る

とめておき，学校で友だちと交流するといった**反転授業**（第 7 章参照）を行っています。児童は課題が終わると，自宅から課題を提出するため，教師は児童の提出状況を Google Classroom や Google ドライブ上で確認するようになりました（図 15-2）。

（2）日常生活を共有する

　春日井市立藤山台小学校では，毎日の予定や学習計画を Google カレンダー（図 15-3）に入力し，生活習慣を整えています（久川慶貴教諭）。この取り組みによって，自分がどのような時間の使い方をしているかを絶えず振り返ることができるようになりました。友だちとカレンダーを共有することで，友だちの時間の使い方や，調べ学習の内容を参考にすることもできます。

図 15-3　Google カレンダーを使って，家庭学習の取り組みを共有する

図 15-4　Google チャットでグループ学習や委員会の議論をする

図 15-5　教室プリンタで掲示物を作成する

図 15-6　オンラインを日常的に体験
する

　日常生活や学習に関するメモや連絡はチャットルーム（図 15-4）で行われて
います。また，児童どうしが委員会活動の日程調整をしたり，学級新聞の作成
の進捗を伝え合ったりする際にも活用しています。そうすることで，事前に議
題について確認した上で直接話し合うことができるようになっています。
　静岡市立南部小学校では，委員会活動の掲示物を，Google スライドを活用し
て共同編集によって作成しました。作成したものは，教室のプリンタで印刷を
して掲示しました（図 15-5）。また，「掃除」「廊下の歩行」など学校生活のルー
ルの徹底を呼びかけるポスターも作成しました。

(3) オンラインを日常でも活用する

　焼津市立豊田小学校では，教師も児童も同じ教室にいる中で，Google Meet
を使ってオンライン朝の会（図 15-6）を行っています（棚橋俊介教諭）。自然
災害や感染症による臨時休校を見越して，平常時から Google Meet を練習して
おくために実施されています。健康観察をリレー形式で行ったり，代表の児童
がみんなにクイズを出したりしました。児童はこのような活動の中で，カメラ
とマイクの切り替えや共有の仕方，オンライン上での基本的なマナーなどを身
につけていきました。

5. 日常的な活用を進めていくためのスキル

　本章で取り上げた事例からもわかるように，授業以外の日常生活の多くの場

面で活用することで，子供たちは情報端末に慣れていきます。日常的な活用を通して，さらに情報端末を活用するスキルを育まれ，授業で情報活用能力を発揮できるようになっていきます。

　1 人 1 台端末を日常的に活用していくためには，**キーボード入力**が必須となります。そのためには，キーボード入力を学ぶ時間を確保し，繰り返し練習し，授業に支障のないレベルのスキルを身につける必要があります。静岡市立南部小学校では，帰りの会が始まる前に 5 分間，家庭学習で 10 分間（図 15-7），というように毎日同じ時間に取り組まれています（浅井公太教諭）。

　子供たちは2か月ほど毎日練習すれば，情報活用能力調査（文部科学省，2015）で報告されている小学生の平均的なタイピング速度である 1 分間に約 5.9 文字を上回ります。そして，4 か月練習を続ければ，元の文章と同じように入力する「視写入力」も，考えながら自分の考えを入力する「思考入力」も，1 分間に 30 文字以上も入力できるようになっていきます（渡邉ら，2021）。キーボード入力が遅ければ日常的な活用も授業場面での活用でも，活動を停滞し，子供たちの貴重な活動の時間は失われていきます。子供たちの情報端末の活用が捗るためにも，キーボード入力の速度を上げていく必要があります。また，アプリの操作などは，体系的に取り組

図 15-7　毎日キータイピングを練習する児童

まなくとも，活用が増えていけば慣れていきます。

############################# **やってみよう・試してみよう** #############################

①学校生活の 1 日を思い浮かべたり，教育実習で見聞きしたりしてきた「授業以外の場面」で情報端末をどのように活用できるのかを考えましょう。

②①で考えたことを実際に試したり，共有したりすることを通して，子供たちに何が身につくのかをまとめてみましょう。

第16章 教科の資質・能力と情報活用能力を1人1台で育成する

三井一希

┌─ KEY WORDS ─────────────────────────────────┐
資質・能力，見方・考え方，情報活用能力，クラウド，1人1台
└───┘

1. 教科の資質・能力と見方・考え方

　平成29年（2017年）に告示された学習指導要領では，「知識及び技能」，「思考力，判断力，表現力等」，「学びに向かう力，人間性等」の三つに**資質・能力**が整理されました。この三つの資質・能力を育成するために，教師が一方的に教える授業ではなく，児童生徒の「主体的・対話的で深い学び」を実現するための授業改善が求められています。この「主体的・対話的で深い学び」を実現するための鍵になるのが**見方・考え方**です。

　では，見方・考え方とはどのようなものでしょうか。6年生理科「電気の利用」を例に考えてみます。この単元では，学習指導要領で「プログラミング教育」が位置づけられています。電気の有効利用のために，どのような仕組みをつくればよいのかを考え，実際にプログラミングをする活動を通じてその仕組みを具現化していく内容となっています。

　夜間に人が通ると電気がつく仕組みを考える際には，児童は日常の生活経験や既習事項から身につけた見方・考え方を働かせます。人を感知するようなセンサーが入っていて，そのセンサーが反応することで電気をつけている，と予想したとします。その後，実際にプログラミングをする活動を通じて仕組みを再現し，実感を伴った理解へとつなげていきます。後日，児童がショッピングモールを訪れた際に人が通ったときにだけ動くエスカレーターを見るかもしれません。その際，プログラミングの体験を思い出し，このエスカレーターが電気エネルギーを効率よく利用する仕組みを説明することができた場合，児童は見方・考え方を働かせたといえます。このように，見方・考え方とは「物事を

112

捉える視点や考え方」と言い換えることができます。見方・考え方を多様に働かせることができれば、これまで見えなかったものが見えたり、気づけなかったことに気づけるようになったりするのです。

　前述した三つの資質・能力を伸ばすために、見方・考え方を子供自身が働かせることが重要なのですが、授業者としては見方・考え方を働かせやすいような学習課題の設定、学習活動の設定を意識することが求められています。

2. 情報活用能力

　学習指導要領（2017 年告示）において、**情報活用能力**は言語能力、問題発見・解決能力と並んで学習の基盤となる資質・能力の一つに位置づけられています。学習の基盤なので、国語、算数といった特定の教科において必要となるのではなく、すべての教科等の学習を進める際にベースとなる資質・能力ということになります。学校教育では、生涯にわたって学び続けられる人を育てていることを踏まえると、この情報活用能力は、この先もずっと必要な資質・能力であると考えることもできます。

　では、情報活用能力とはどのようなものでしょうか。「小学校学習指導要領総則編」（文部科学省、2017）では、「世の中の様々な事象を情報とその結び付きとして捉えて把握し、情報及び情報技術を適切かつ効果的に活用して、問題を発見・解決したり自分の考えを形成したりしていくために必要な資質・能力である」と定義しています。また、文部科学省（2019）では、IE-School（情報活用能力を育成するためのカリキュラム・マネジメントの在り方を検討するため、「情報教育推進校」を指定して実施した研究プロジェクト）の成果を踏まえて、情報活用能力を構成する要素を表16-1のように示しています。さらに、情報活用能力の育成に関わる事例を「学習内容」という観点から整理したものとして表16-2 が示されています。

　情報活用能力は、情報を整理・分析する力、プログラミング的思考、情報モラル、ICTの操作スキル等を含めた比較的広範な能力ということがわかります。とくに、現在、多くの情報がインターネットやクラウドコンピューティング（以下、**クラウド**）といったネットワーク上にあることを踏まえると、児童生徒が

表16-1　情報活用能力の要素の例示（文部科学省，2019, p.12）

分類			
A. 知識及び 技能	1	情報と情報技術を適切に活用するための知識と技能	①情報技術に関する技能 ②情報と情報技術の特性の理解 ③記号の組合せ方の理解
	2	問題解決・探究における情報活用の方法の理解	①情報収集，整理，分析，表現，発信の理解 ②情報活用の計画や評価・改善のための理論や方法の理解
	3	情報モラル・情報セキュリティなどについての理解	①情報技術の役割・影響の理解 ②情報モラル・情報セキュリティの理解
B. 思考力， 判断力， 表現力等	1	問題解決・探究における情報を活用する力 （プログラミング的思考・情報モラル・情報セキュリティを含む）	事象を情報とその結び付きの視点から捉え，情報及び情報技術を適切かつ効果的に活用し，問題を発見・解決し，自分の考えを形成していく力 ①必要な情報を収集，整理，分析，表現する力 ②新たな意味や価値を創造する力 ③受け手の状況を踏まえて発信する力 ④自らの情報活用を評価・改善する力　等
C. 学びに向かう力， 人間性等	1	問題解決・探究における情報活用の態度	①多角的に情報を検討しようとする態度 ②試行錯誤し，計画や改善しようとする態度
	2	情報モラル・情報セキュリティなどについての態度	①責任をもって適切に情報を扱おうとする態度 ②情報社会に参画しようとする態度

表16-2　情報活用能力育成のための想定される学習内容（文部科学省，2019, p.14）

想定される学習内容	例
基本的な操作等	キーボード入力やインターネット上の情報の閲覧など，基本的な操作の習得等に関するもの　等
問題解決・探究における情報活用	問題を解決するために必要な情報を集め，その情報を整理・分析し，解決への見通しをもつことができる等，問題解決・探究における情報活用に関するもの　等
プログラミング	単純な繰り返しを含んだプログラムの作成や問題解決のためにどのような情報を，どのような時に，どれだけ必要とし，どのように処理するかといった道筋を立て，実践しようとするもの　等
情報モラル・情報セキュリティ	SNS，ブログ等，相互通信を伴う情報手段に関する知識及び技能を身に付けるものや情報を多角的・多面的に捉えたり，複数の情報を基に自分の考えを深めたりするもの　等

　ICTの基本的な操作を身につけることは，情報にアクセスするために必要不可欠となっています。ICTの基本的な操作スキルを使って情報にアクセスしたうえで，情報を適切に取り扱えるような学習技能を身につける必要があります。

　児童生徒が身につけるべきICTの基本的な操作スキルとしては，キーボード等による文字入力，Webブラウザを使った情報検索，文書作成のスキル，スライドの作成スキル等があげられます。これらの操作スキルに加え，GIGAスクール構想で**1人1台**端末の環境となったことで，オンライン会議アプリケーションの操作，学習管理システム（Google ClassroomやMicrosoft Teamsなど）の

操作，共有ドライブへのデータのアップロード方法，共有ファイルの権限設定
等も新たに児童生徒に身につけさせたい操作スキルとして考えられます。

　また，ネットワーク上の情報に触れる機会が多くなることから，**情報モラル**
や**情報セキュリティ**に関する指導も一層充実させる必要があります。これまで
の指導では，架空の事例や他校で起きた事例を扱うことが多く，児童生徒の実
感を伴った指導が困難でした。しかし今後は児童生徒が 1 人 1 台端末を持ち，情
報モラルや情報セキュリティに関するトラブルが目の前で起きやすくなります。
そのようなときには，目の前で起きた事例を扱うことで児童生徒も自分事と
して捉えやすくなります。機を逸することなく指導することで，情報モラル・情
報セキュリティの指導の充実を図ることが可能となります（第 18 章参照）。

3. 指導事例

　1 人 1 台端末を活用して，教科の資質・能力かつ情報活用能力を育成するこ
とが想定される例を三つ示します。

（1）社会における事例
　社会で歴史分野を学習する場合を想定します。ここでは，単元のまとめとし
て「歴史 Web サイト」をつくる学習活動が考えられます。これは，歴史上の人
物を取り上げ，その人物を紹介する Web サイトをグループで協力して作成する
ものです。Google サイトのようなアプリケーションを使うことで，簡単に見栄
えのよい Web サイトを作成できます。また，Google サイトは**共同編集**ができる
ので，Web サイトの記事を書く子，画像を集めてくる子，レイアウトを調整す
る子，推敲する子といったように各自が役割を持ち，協働的に作業を進めるこ
とが可能となります。協働的に作業を進めるなかで対話が生まれ，主体的に学
習に取り組む効果が期待できます。

　さらに，Web サイトの URL を学級内で共有することで，他のグループが作成
した Web サイトを閲覧したり，相互にコメントをつけたりする学習活動が可能
になります。歴史上の人物関係や事象の因果について複数の視点からの情報を
関連づけることで，見方・考え方を働かせながら理解を深めることができるで

しょう。学びを広げる観点からは，保護者や他校にもWebサイトのURLを共有して作成したWebページにフィードバックをもらい，そのフィードバックをもとにWebサイトを改訂していくような学習活動も考えられます。

（2）理科における事例

　理科の実験場面を想定します。理科の実験はグループごとに行うことが多いため，他のグループの実験結果をすぐに把握することは困難です。席を移動して他のグループの結果を覗きに行ったり，友人に聞いたりすることもできますが，自分のグループの実験が進まないなどのデメリットが考えられます。そこで，1人1台端末とクラウドのアプリケーションを活用します。

　Googleスプレッドシートには共同編集機能があります。これは，1枚のシートをクラスで共有し，同時に編集したり閲覧したりできる機能のことです。この共同編集機能を使うことにより，自分のグループの結果を入力すると，他のグループにその結果を知らせることができます。また，過去の実験データをスプレッドシートに蓄積してすぐにアクセスできる状態をつくることもできます。こうすることで過去の実験との比較が容易になり，例えば，ものの温まり方において，「空気では〇〇だったが，水では××である」のように，共通点や相違点に着目するといった科学的な見方・考え方を働かせることにつながります。さらに，端末を使って実験の様子を動画で残しておいたりすることも可能です。

　実験の様子や実験データがこれまで以上に可視化されるため，考察が深まったり，実験結果に基づいた議論が活発化したりすることが期待できます。

（3）体育における事例

　マット運動の学習を想定します。ここでは，端末を家庭に持ち帰ることで，体育の授業と家庭学習をつなげる活動が考えられます。マット運動をする際に，自分の動きを動画に撮り，その動画を見ながら改善点を考える実践はこれまでも行われてきました。しかし，端末を家庭に持ち帰ることで，これまで行われてきた実践をさらに充実させることができます。例えば，事前にお手本動画を家庭で視聴して，マット運動のポイントを整理しておきます。学校では動画視聴で獲得したマット運動の特性や自らの改善すべきポイントなどの見方・考え方

を働かせながらマット運動の練習をします。その様子を動画に撮りますが，動画の視聴を含めた振り返りは家庭でじっくり行います。家庭で動画を見ながら自分の改善点を考え，次回の体育の時間に実際に改善点にあげた項目について練習を繰り返します。こうすることで，限られた授業時間を有効に活用でき，運動量の確保にもつながります。

　これまでは，学校の授業と家庭の学習が分断されがちでしたが，端末を持ち帰ることで授業と家庭学習を有機的に結びつけることが可能となります。そして，教師も児童生徒 1 人 1 人の動画にアクセスできるようにしておくことで，学習評価に生かすことができます。

4. 授業デザインで意識すること

　本章で取り上げた三つの授業事例からわかるように，児童生徒が主体的に端末を活用することで，教科の資質・能力と併せて情報活用能力の育成，児童生徒が見方・考え方を働かせることも期待できます。では，教師はどのようなことを意識して授業をデザインすればよいのでしょうか。

　実は端末が入ったからといっても，授業デザインの原則は変わらないのです。これまでどおり，学習目標を決め，児童生徒の現状を分析し，学習目標に到達するための方法を考える，という授業づくりで大切にするべきことは同じです。

　また，端末の活用においては，まずはこれまでの学習活動の「代替」から始めるのがよいとされています（三井ら，2020）。これは，ノートに書いていたものをキーボードで入力してみる，デジタルカメラで撮っていた写真を端末のカメラ機能で撮ってみるというような既存の活動の置き換えです。そして，教師も児童生徒も端末の活用に慣れてきた段階で，これまで実現できなかったような新たな実践にチャレンジすることを意識しましょう。

//////////////////////////// やってみよう・試してみよう ////////////////////////////

①教科の資質・能力かつ情報活用能力の育成につながる指導事例を考えてみましょう。
②どのような情報活用能力の育成につながるのかを仲間と議論してみましょう。

第**17**章

プログラミング教育で育てる資質・能力

板垣翔大

```
- 0┛ KEY WORDS ------------------------------------------
  プログラミング的思考，ビジュアルプログラミング言語，順次，反復，
  分岐，アンプラグド
---------------------------------------------------------
```

1. プログラミング教育の必要性

　平成29，30年に改訂された学習指導要領（文部科学省，2017，2018）の各教科等の解説の冒頭に「改訂の経緯」が記されています。ここには，「厳しい挑戦の時代」や「予測が困難な時代」といった社会の変化について触れています。その具体例として「絶え間ない技術革新等」や「人工知能（AI）の飛躍的な進化」といった技術面，とくに**情報の技術**に関する点が挙げられています。

　社会の情報化については，蒸気機関の導入を受けた第一次産業革命，電力の導入を受けた第二次産業革命，コンピュータによる自動化を受けた第三次産業革命に続き，AIやIoT等の導入による**第四次産業革命**が起こるといわれています。また，狩猟社会（Society1.0），農耕社会（Society2.0），工業社会（Society3.0），情報社会（Society4.0）に続く，高度に情報化した新たな社会（**Society5.0**）が訪れるといわれています。現に，私たちの生活の中に情報の技術は溢れています。パソコンやスマートフォンはもちろんのこと，家電製品から自動車まで，あらゆるところにコンピュータや**プログラミング**が役立てられています。

　社会の情報化と職業の関係については様々な見方がありますが，現在存在する職業は，少なからずコンピュータに置き換えられるといわれています。しかし，これは悪いことではありません。現在，人の手で行われている仕事のうち，コンピュータに任せられるところは任せてしまい，人の手だからこそできる部分に注力できるということです。こうしたことを考えるためにも，単なる消費者としてコンピュータやプログラムを利用するだけでなく，その仕組みや作り

手側のことを理解することは欠かせません。そこで，平成29，30年改訂の学習指導要領では，小学校と高等学校においてプログラミングが新たに必修化され，中学校ではプログラミングの内容が拡充されることとなりました。

2. 小学校におけるプログラミング教育のねらい

『小学校プログラミング教育の手引（第三版）』（文部科学省，2020：以降「手引」）では，小学校における**プログラミング教育**のねらいとして，次の3点が示されています。

①「プログラミング的思考」を育むこと。
②プログラムの働きやよさ，情報社会がコンピュータ等の情報技術によって支えられていることなどに気づくことができるようにするとともに，コンピュータ等を上手に活用して身近な問題を解決したり，よりよい社会を築いたりしようとする態度を育むこと。
③各教科等の内容を指導する中で実施する場合には，各教科等での学びをより確実なものとすること。

　プログラミングとは，いわば，コンピュータとのコミュニケーションです。しかし，人間とコンピュータでは，理解しやすいコミュニケーションが違います。例えば，図17-1のような地図でゴールにたどり着くよう指示を出す場合，人間が相手であれば，「道なりにゴールまで進みなさい」と伝えれば済むでしょう。しかし，コンピュータには，「道なりに」や「ゴールまで」が理解できない場合があります。そこで，「1歩進んで，左を向いて，1歩進んで，右を向いて，1歩進んで，左を向いて，1歩進んで，右を向いて，1歩

図17-1　迷路のプログラムの例

進んで，左を向いて，1歩進んで，右を向いて，1歩進んで，左を向いて，1歩進みなさい」のように，一連の活動を細かく分解し，組み合わせることで指示を出すことができます。この指示は「1歩進んで，左を向いて，1歩進んで，右を向く，を4回繰り返しなさい」とシンプルに表現することが可能です。このような思考が**プログラミング的思考**であり，具体的には，「自分が意図する一連の活動を実現するために，どのような動きの組合せが必要であり，一つ一つの動きに対応した記号を，どのように組み合わせたらいいのか，記号の組合せをどのように改善していけば，より意図した活動に近づくのか，といったことを論理的に考えていく力」と定められています。これが文科省が示したプログラミング教育のねらいの①です。

　ところで，この例では，「コンピュータが便利な物で，上手に使いたい」と思った方は少ないかもしれません。たしかに，プログラミングには特有の考え方が必要ですが，一度正しくプログラミングしてしまえば，コンピュータはそれを一切間違うことなく実行します。そしてそれは人間よりもはるかに高速で，いつでも，何度でも繰り返して実行できます。例えば，休んだり間違えたりすることなく動作し続ける必要がある道路の信号機は，プログラムのよさやプログラムによって支えられていることに気づくことができる身近な例の一つです。そして，このようにプログラミングやコンピュータを上手に活用することで，よりよい社会を築こうとする態度や，試行錯誤を通してねばり強くやり抜く態度などを涵養することができます。これがねらいの②です。

　同「手引」では，プログラミングに関する学習活動が表17-1のように示されています。ねらいの③は，この六つのうち，AまたはBに該当するものです。と

表17-1　プログラミングに関する学習活動（文部科学省，2020）

A. 学習指導要領に例示されている単元等で実施するもの

B. 学習指導要領に例示されてはいないが，学習指導要領に示される各教科等の内容を指導する中で実施するもの

C. 教育課程内で各教科等とは別に実施するもの

D. クラブ活動など，特定の児童を対象として，教育課程内で実施するもの

E. 学校を会場とするが，教育課程外のもの

F. 学校外でのプログラミングの学習機会

くに，Aについては，第 5 学年算数と第 6 学
年理科で例示されています。

図 17-2　正三角形を書くプログラム

　図17-2は，第 5 学年算数での例です。正多
角形は，「辺の長さがすべて等しい」「角の大
きさがすべて等しい」という性質をもってい
ます。この学習に対して，まず，児童に手書
きで正多角形を書かせます。すると，正確に長さや角度を測って書くことの難
しさが実感できます。その後，同じ長さだけ動かして，同じ角度だけ回すこと
を繰り返すプログラミングを体験することで，プログラムが正確で高速である
というよさを感じることができます。角度が割り切れない正七角形や，人間で
は到底書くことができない正百角形などは，プログラムのよさを感じやすい例
といえます。また，「辺の長さがすべて等しい」「角の大きさがすべて等しい」
という算数の学びも確認することができます。

　なお，これら三つのねらいが，1 回の活動にすべて網羅されている必要はあ
りませんが，小学校 6 年間を通じてバランスよく育成することが重要です。

3.　プログラミング言語

　プログラミングには，本来，例えばJavaScriptやPythonといった，テキスト
型のプログラミング言語が用いられています。しかし，テキスト型の言語では，
1 文字でも過不足があったり，英字の大文字と小文字を間違えていたりするだ
けで，まったく動作しません。プログラミング教育では，前述の通り，学習の
過程でプログラミング言語を覚えたり技能を習得したりすることはあっても，そ
れ自体が目的ではありません。

　そこで，Scratch（https://scratch.mit.edu/）に代表されるような，子供にも
わかりやすいビジュアル型の言語が用いられています。**ビジュアルプログラミ
ング言語**であれば，例えば上述のたった 1 文字の間違いにつまずくことがない
ため，本来の目的である「プログラミング的思考」の育成等に迫りやすくなり
ます。

4. 「プログラミング的思考」と「アンプラグド」

　プログラミングの3要素として，**順次**，**反復**，**分岐**という考え方があります。図17-3は，3要素を**アクティビティ図**で表現したものです。開始は黒い円で，終了は黒い円を白い円で囲んで表現します。また，一つひとつの動作は四角形で，分岐点や合流点はひし形で表現します。

　「順次」は，書かれた順に行われるということです。運動会の「プログラム」は，まさに順次処理です。「反復」は，繰り返し行われることです。例としては「火が通るまで煮る」「髪の毛が乾くまでドライヤーをかける」などが挙げられます。前述の正三角形を書くプログラムでも「反復」を用いています。「分岐」は，条件によって実行することを変えることです。例えば，「もし晴天なら決行する，雨天なら延期する」などです。

　この例からわかるように，プログラミングの3要素は，日常の生活の中にもたくさん隠れています。普段行っていることを，3要素の視点から捉えることで，コンピュータを使わずに，**アンプラグド**で，プログラミング的思考を育成する機会を増やすことができます。例えば，授業の流れや理科の実験の手順を，プログラミングの3要素に基づいてアクティビティ図やフローチャートで整理した実践や，給食の配膳や教室の清掃の手順を図に整理し，改善するような実践も見られます。ただし，アンプラグドな活動だけでは，プログラミング教育が成立しないことには注意が必要です。実際に，コンピュータに意図した処理を行わせるよさを実感できるプログラミング体験は必要です。

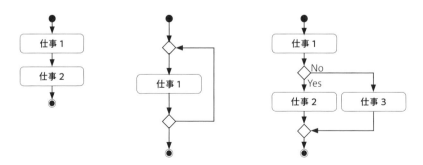

図17-3　プログラミングの3要素（左から順に，「順次」「反復」「分岐」）

5. 中学校および高等学校におけるプログラミング教育

「プログラミング的思考」は，学習の基盤となる資質・能力である**情報活用能力**の一部です（第 16 章参照）。小学校に限らず中学校や高等学校でも教科等横断的に育成されるものであることが前提ですが，とくに，中学校では技術・家庭科技術分野に，高等学校では情報科に位置づけられています。

中学校の技術・家庭科技術分野では，従来の「プログラムによる計測・制御」が「計測・制御のプログラミングによる問題解決」になったことに加え「ネットワークを利用した双方向性のあるコンテンツのプログラミングによる問題解決」が新設されました。従来は「情報処理の手順を考え，簡単なプログラムが作成できること」とされていましたが，新しい学習指導要領ではプログラミングが問題解決の手段として用いられることを考えると，内容が新設されただけでなく，求められる資質・能力が高度化されたことがわかります（竹野，2017）。

高等学校情報科では，従来，一方を選択必履修科目であった「社会と情報」と「情報の科学」が再編され，「情報 I」と「情報 II」となり，共通必履修科目となった「情報 I」に「コンピュータとプログラミング」が設けられました。ここでは，テキスト型のプログラミング言語の使用も想定されており，プログラミングを通してコンピュータの仕組みを学習したり，WebAPI を使用してプログラミングしたりすることも想定されています。

小学校段階でのプログラミング教育が十分に行われることで，中学校や高等学校での活動が円滑かつ深いものになると期待できます。

//////////////////////////////// **やってみよう・試してみよう** ////////////////////////////////

①朝起きてから出発するまでの支度という一連の活動を細かく分解して，プログラミングの 3 要素に基づきアクティビティ図またはフローチャートに表現しましょう。

②Scratch で正多角形を書くプログラムを，Web で作成のしかたを調べて作成しましょう。

③小学校第 6 学年理科で例示されている題材では，どのような資質・能力を育成できるか，仲間と議論してみましょう。

第18章

情報モラル・情報セキュリティを育む

塩田真吾

┌─ ०⊸ KEY WORDS ---
│ 情報モラル，危険予知トレーニング，ルールづくり，デジタル・シティズ
│ ンシップ
└──

1. 情報活用能力に含まれる情報モラル

　1人1台端末の活用では，上手にICTを活用したり，情報を収集・整理・分析・表現したりする面での情報活用能力が強調されますが，リスクを回避するという面での**情報モラル**の充実も重要です。学習指導要領では，第16章でも述べられているように，総則において「児童生徒の発達の段階を考慮し，言語能力，情報活用能力（情報モラルを含む）等の学習の基盤となる資質・能力を育成するため，各教科等の特性を生かし，教科等横断的な視点から教育課程の編成を図る」ことが明記されており，情報モラルは情報活用能力に含まれています。

　こうした点を踏まえると，情報を上手に活用するということは，情報の活用に関するリスクについても理解し，情報モラルの育成にも留意する必要があるということになります。当然のことながら，情報活用のリスクや回避方法についても学ぶ必要があるといえるでしょう。

2. まずは「自覚」を促す指導を

　では，具体的にどのように情報モラル教育を進めればよいでしょうか。

　現在，多くの学校での情報モラルの指導は，「外部講師を招いた一斉指導」が中心となっており，情報通信会社や有識者が，「こんなトラブル事例があります」「こんな危険性があります」というトラブル事例の紹介と危険性の啓発に終

始しているのが現状ではないでしょうか（酒井ら，2016）。しかし，このような指導では，子供たちは「自分はトラブル事例になんてあわないし」「自分は人間関係を大切にして嫌なことなんてしてないし」と思ってしまう可能性があります。つまり，いくら指導したところで，子供たちがトラブルを自分のこととして自覚していなければ意味がないということになります（塩田ら，2018）。

　こうした問題意識をもとにして，私の研究室では2014年度よりLINE株式会社と共同で「楽しいコミュニケーションを考えよう」というワークショップ形式の情報モラル教材を開発しました（図18-1）。本教材では，子供たちにトラブルを「**自覚**させる」ことを主眼としています。

　例えば，「自分とみんなの嫌な言葉」というワークでは，「①まじめだね」「②おとなしいね」「③おもしろいね」「④個性的だね」「⑤マイペースだね」の中から，自分が一番嫌だと感じる言葉を一つだけ選び，グループで共有します。実際の授業では，「『まじめだね』を選ぶ人がいるとは思わなかった。自分は別に嫌な言葉ではないのに，人によっては嫌な言葉だと感じて驚いた」など，自分は嫌な言葉だと思ってはいなかった言葉が，相手にとっては嫌な言葉になる可能性があることに気づくことができます。また，「自分とみんなの嫌なこと」というワークでは，「①すぐに返信がない」「②なかなか会話が終わらない」「③知らないところで自分の話題が出ている」「④話をしている時にケータイ・スマホを触っている」「⑤自分が一緒に写っている写真を公開される」という五つを，嫌な順に並び替えて，グループで共有します。こちらも実際の授業では，「私は『自分が一緒に写っている写真を公開される』ことは全然平気だったけど，一番嫌だって思う人もいるんだ！」という声をきくことができます。

　こうした指導方法を**カード分類比較法**と呼び，自分と他者との感じ方のズレをカード教材を通して考えさせ，議論させることにより，子供たちにトラブルを自覚させる

図18-1　トラブルへの「自覚」を促す教材

ことができると考えています。例えば、「不適切な写真とは何か」、「使いすぎとはどのような状態か」をカード教材を用いて他者と比較，議論することにより，「自分も不適切な写真を公開していないか」、「自分も使いすぎていないか」という自覚を促すことが期待できます。

3.「何が危険か」（知識）から「どのくらい危険か」へ

トラブルへの「自覚」の次にポイントとなるのが「どのくらい危険か」という「リスクの範囲」と「リスクの程度」です。情報モラル教育に限らず，従来のリスク教育では，「何が危険か」に焦点が当てられて指導が行われてきました。例えば，交通安全教育では，「交差点が危険」、「横断時が危険」など危険を見つける指導があげられます。しかし，現在のリスク教育では，KYT（**危険予知トレーニング**）に代表されるように，「何が危険か」だけでなく，それが「どのくらい危険か」までを検討することが主流となっています。

情報モラル教育においても，例えば「写真や動画の公開」についての従来の指導では，「写真を公開すると個人情報が特定されてしまう」などといった「何が危険か」（知識）に焦点が当てられて指導が行われてきました。しかし，「どんな写真」を「どこで公開するか」によってもリスクは変化します。例えば，家族にLINEで送る場合と，Twitterで公開する場合では，同じ写真でもリスクは違ってきます。こうした「範囲」と「程度」に着目させながら，それが「どのくらい危険か」を考えさせることで，「これくらいは大丈夫だろう」という自分の判断の甘さに気づき，リスク回避の力をつけることができます（図18-2）。

とくに情報分野では，ネット上の行動は目に見えない部分が多く，「こうしたらどうなるか」を想像することが難しいため，より「どのくらい危険か」を想像させるトレーニングが必要になります。

4. トラブルベースだけでなく活用ベースの情報モラル教育を

情報モラル教育を実施する際には，「どの時間でやるのか」も大きな課題にな

① 写真のリスクを考えて、並べてみましょう。

② それぞれのシーンで、どのようにリスクが変化するかメモしましょう。

	⚡ リスク大	☂ リスク中	☁ リスク小	☀ リスクなし
シーンA 仲のよい友達だけに送った場合				
シーンB 仲のよい友達数人のグループLINEに送った場合				
シーンC 特定の人だけしか見ることができないSNSに本名で公開した場合				
シーンD 特定の人だけしか見ることができないSNSに匿名で公開した場合				
シーンE 世界中の人が見ることができるSNSに匿名で公開した場合				

図18-2 「どのくらい危険か」というリスクの変化を考える教材（SNS東京ノート）

ります。なかなか情報モラルだけに授業時間を割くことが難しい状況では，様々な内容を扱った情報モラルの授業を実施することは難しいでしょう。

　そこでポイントとなるのが，**カリキュラム・マネジメント**の視点です（第21章参照）。丸々1コマを使って情報モラルを教えるだけではなく，ICTを活用する際に情報モラルをセットで教えるなど，指導機会を工夫するための考え方です。

　これまでの情報モラル教育では，どちらかといえば**トラブルベース**の内容を道徳や学級活動，総合的な学習の時間などを1コマ使って学習していました。しかしこれからの情報モラル教育では，1人1台端末を使って検索したり，発表

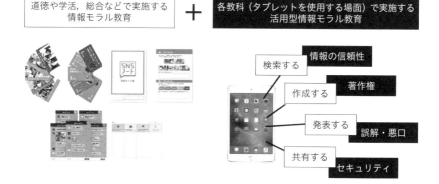

図18-3 活用型情報モラル教育のイメージ

したり，共有したりする場面に応じて，そこで少しずつ情報モラル教育を実施するといった**活用ベース**の情報モラル教育が必要となります（図18-3）。

1コマで情報モラル教育を実施するだけでなく，1人1台端末と情報モラルをセットで教える**活用型情報モラル教育**が，これからの情報モラル教育の主流になっていくでしょう。

5. 「自律」を目指したルールづくり

最後に，**ルールづくり**についても触れておきましょう。1人1台端末の導入で，学級のルールをつくることも多くなりましたが，ともすると次のような内容になりがちです。

> ①タブレットは大切に使う。
> ②ネットで友だちの嫌なことを書かない。
> ③不適切な写真を公開しない。
> ④タブレットを使いすぎない。

はたしてこれで子供たちはルールを守ることができるのでしょうか。
こうしたルールを**スローガン的ルール**と呼んでいます。例えば，上記のルー

ルでは，「大切」，「嫌なこと」，「不適切」，「使いすぎ」が曖昧な言葉であり，大人と子供，または子供どうしでも認識に「ズレ」が起きやすくなります。ルールをつくる段階でこの「曖昧さ」についてきちんと話し合う必要があります。

　また，従来のルールづくりの指導では，どうしても「ルールをつくって終わり」という状況や「ルールを守るように口うるさく言い続ける」という状況になりがちでした。しかし，子供たちは，いつか自立し，保護者や教員の手から離れていきます。そのときに問われるのが，**自律の力**です。つまり，「自分でルールを守っていく力」を育てていく必要があります。そこで「ルールをつくって終わり」ではなく，「そのルールをどうすれば守ることができるか」という発想で，**ルールを破ってしまうシチュエーション**を考えるプロセスを取り入れています。例えば，「タブレットを大切に使う」というルールを決めたら，「タブレットを大切に使えないシチュエーションをたくさん挙げよう」と考えさせます。そうすることで，タブレットを大切に使えない場面に自覚的になり，「守ることのできるルールづくり」が可能となります。

　最近では，**デジタル・シティズンシップ**に代表される，社会の中での責任や参画を重要視する動きもあります。こうしたデジタル・シティズンシップでは，自律の力を高めていくことはもちろんのこと，誰かに決められたルールを守るだけでなく，当事者どうしが相談し，ルールをより良く変えていくといった力も必要になるでしょう。

　ただし，これらは発達段階を踏まえることがポイントになります。例えば，運転免許を取ったばかりのドライバーには，社会の中での車のあり方や責任についてよりも，まずは交通ルールをきちんと守り，どのようにリスクを回避するかが重要となります。情報モラルにおいても，まずは個人のリスク回避や自律的なルールの遵守を身につけ，そして発達段階に応じて社会への参画や責任と考えるとよいでしょう。

############################## **やってみよう・試してみよう** ##############################

①図18-2の「どのくらい危険か」という危険予知トレーニングをやってみましょう。
②身のまわりの「スローガン的ルール」をさがしてみましょう。

第19章 児童生徒の探究を支える リテラシーの育成

登本洋子

┌─ o┘ KEY WORDS ─────────────────────────┐
探究，PBL，総合的な探究の時間，情報活用能力，統計的リテラシー，
言語能力，問題発見・解決能力，クラウド
└──────────────────────────────────────┘

1.「探究」とは

　将棋棋士の藤井聡太さんは，史上最年少の17歳11か月で将棋タイトルを初
獲得した翌日，「探究」と書いた色紙を掲げて，「将棋は本当に難しいゲームで，
まだまだ分からないことばかり。これからも探究心を持って盤上に向かってい
きたい」と決意を新たにしました（東京新聞，2020年7月17日付）。この藤井
さんが掲げる「探究」とは一体どういうものなのか，まず確認しましょう。

　『広辞苑第七版』によると「探究」は「物事の真の姿をさぐって見きわめるこ
と」と説明されています。我が国をはじめ世界は，様々な問題を抱えていて，こ
れからの社会を生きていく子供たちには，自分で問題を発見し，解決していく
力がより一層求められます。近年，Volatility，Uncertainty，Complexity，
Ambiguityの頭文字をとった**VUCA**（ブーカ）という言葉を耳にすることが増え
てきました。2030年には，今よりも「予測困難で不確実，複雑で曖昧」な時代
になることが予測されています（OECD, 2018）。そこで必要になるのが**探究**で
す。学習指導要領の解説において探究は「問題解決的な学習が発展的に繰り返
されていくこと」「物事の本質を自己との関わりで探り見極めようとする一連の
知的営みのこと」と説明されています（文部科学省，2018）。何より，学習が
知識を覚えるだけのものだったらこれほどつまらないものはなく，探究する行
為だからからこそ，おもしろいのです。

2. 学校教育で養われる「探究」

それでは，学校においては，探究はどのような場面で発揮されるものなのでしょうか。ここで，学校教育法の一文をみてみましょう。

　第三十条② 　前項の場合においては，生涯にわたり学習する基盤が培われるよう，基礎的な知識及び技能を習得させるとともに，これらを活用して課題を解決するために必要な思考力，判断力，表現力その他の能力をはぐくみ，主体的に学習に取り組む態度を養うことに，特に意を用いなければならない。

これは，義務教育の基礎段階である小学校の章に書かれている条文で，学校教育法が制定された 1947 年から「生涯にわたって学習する基盤を培う」，「基礎的な知識及び技能を習得させる」，「習得した知識及び技能を活用して課題を解決するために必要な思考力，判断力，表現力その他の能力をはぐくむ」，「主体的に学習に取り組む態度を養う」ことを我が国はずっと大切にしてきていることが見てとれます。児童生徒に，特定の教科だけでなく全ての教科を通して知識や技能を習得させ，さらに，主体的にこれらを活用して課題を解決していく，すなわち探究する態度を養うことが求められているのです。もちろん知識や技能の習得も重要で，「習得」「活用」「探究」のバランスを意識して取り組んでいくことが大切です。また，「習得」「活用」「探究」は直線的に進んでいくものではなく，「習得」したものを「活用」したり「探究」したり，また「活用」や「探究」するからこそ，「習得」したくなるような進め方になることが望ましいでしょう。

現在，初等中等教育で実践されている探究は，一般的には**プロジェクト型学習**（**PBL**：Project-Based Learning）として理解されていて（溝上，2016），教師のファシリテーションのもと，生徒は好奇心に基づく疑問を発展させながら，知識を追究していく（Bell, 2010）ことができます。

総合的な学習の時間は，1998 年告示の学習指導要領にて，児童生徒が自発的に横断的・総合的な課題学習を行う時間として新設されました（表 19-1）。

高等学校においては，2022 年度から施行される学習指導要領（文部科学省，

表19-1　総合的な学習の時間の目標（小学校・中学校）（文部科学省，2017a, 2017b）

探究的な見方・考え方を働かせ，横断的・総合的な学習を行うことを通して，よりよく課題を解決し，自己の生き方を考えていくための資質・能力を次のとおり育成することを目指す。
(1) 探究的な学習の過程において，課題の解決に必要な知識及び技能を身に付け，課題に関わる概念を形成し，探究的な学習のよさを理解するようにする。
(2) 実社会や実生活の中から問いを見いだし，自分で課題を立て，情報を集め，整理・分析して，まとめ・表現することができるようにする。
(3) 探究的な学習に主体的・協働的に取り組むとともに，互いのよさを生かしながら，積極的に社会に参画しようとする態度を養う。

2018）から「総合的な学習の時間」が**総合的な探究の時間**に名称が変更になり，「古典探究」「地理探究」「日本史探究」「世界史探究」「理数探究基礎」「理数探究」といった科目が新設され，学習活動に「探究」を取り入れることが，より一層求められるようになります。

　総合的な学習（探究）の時間は，特別活動や道徳などと同じように免許状があるわけではなく，小学校・中学校・高等学校のすべての教師が理解し，指導できるようになっておく必要があります。

3.「探究」を支えるリテラシー

　探究を支えるためのリテラシーをみていきましょう。探究を支える主なリテラシーには，**情報活用能力**，**言語能力**，**問題発見・解決能力**などがあります。これらは，探究を支えるだけでなく，学習の基盤となる資質・能力です（第16章参照）。

(1) 情報活用能力

　第16章や第18章で説明された情報活用能力は，探究を進めるにあたって重要なリテラシーであり，探究を通して育成したいリテラシーでもあります。ここでは，探究で必要とされる情報活用能力の指導事例を，図19-1に示される探究の過程「課題の設定」「情報の収集」「整理・分析」「まとめ・表現」からみていきます（登本，2021）。

　課題の設定では，児童生徒が自分のこととして課題を設定し，主体的に進めていくことができるようなテーマを設定したり，児童生徒自らが課題を設定す

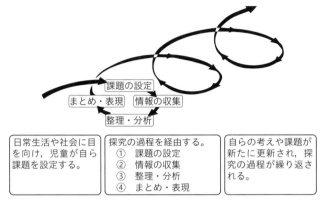

図 19-1　探究的な学習における児童の学習の姿（文部科学省，2017a）

るサポートをできるようにしたりしておく必要があります。児童生徒の興味・関心や疑問を引き出すことができるように，常日頃の生徒の様子をよく観察しておくとよいでしょう。課題が見つからない場合は，本や新聞などを使って，生徒の興味を引き出してあげましょう。ICTを活用すれば，マインドマップや付箋のアプリを使って，生徒の興味・関心を整理することもできます。

　情報の収集では，設定した課題に対し，必要な情報を集めます。情報の収集では，本だけでなく，新聞，雑誌，オンラインデータベース，Webサイト，論文，統計資料などを用います。その他，アンケートやインタビュー，実験・観察，フィールドワークで情報を集めることができます。インターネットで検索すると，必要な情報がすべて集まると思っている児童生徒も多いため，他のメディアの存在に気づかせたり，適切なメディアの選択や情報の信ぴょう性を判断したりすることを指導できるようにしておきましょう。使用したメディアの記録も大切です。情報の収集にあたっては，20章で紹介される学校図書館と連携すると，より円滑に進めることができます。ICTの活用は必要不可欠で，Webを用いてアンケートを行ったり，遠隔の人にインタビューしたりすることもできます。

　整理・分析では，集めた情報を取捨選択して整理したり，分析したりします。整理や分析にあたっては，表計算ソフトを活用することができます。分析にあたっては，**統計的リテラシー**を身につけていると，より信ぴょう性の高いデー

タを導くことができます。統計的リテラシーは社会的にも重要度を増しており，統計に関する基本的な知識・技能・表計算ソフトの活用を指導できるようにしておくと，児童生徒の探究の幅が広がります。

まとめ・表現では，自分の考えなどをまとめ，表現します。「まとめ・表現」の手段としては，レポートや論文など文章でまとめる，プロジェクタやポスターを作成し，口頭発表するといった手段が考えられます。児童生徒の発達段階やICTスキルなどに応じて選択するとよいでしょう。ICTを活用して，文章は日本語文書ソフトで作成すると，修正や追記がしやすいです。コメント機能を使うと，児童生徒が相互チェックを行うこともできます。プレゼンテーションソフトを使ってまとめると，スライドを入れ替えることができるので，アウトラインの構成にも役立ちます。人に伝えるにあたっては，動画やWebページを制作することもできます。ICTを活用すれば，日本だけでなく海外とも発表しあうことも可能になり，自分で考えたことを伝える経験は，次の探究に対する意欲にもつながります。

(2) 言語能力

　情報を集めたり，集めた情報を取捨選択し，整理・分析したりするには，情報を読み解くための言語能力が必要です。口頭や文章で，自分の考えをまとめて相手に伝える際にも，的確に表現できる言語能力が必要となります。また，それは探究だけで育てられるものではなく，普段の授業で言語活動を充実させながら習得していく必要があります。

(3) 問題発見・解決能力

　探究では，自分の興味・関心や疑問から，自分が探究したい問いをみつけます。また，その答えは一つとは限りません。これは社会においても同様のことで，常日頃から身の回りのことに興味を持ち，自らが積極的に関わり，自分ごととして解決していこうとする態度を養う必要があります。

(4) 授業を支えるクラウド

　DX（デジタル・トランスフォーメーション）とは，デジタル技術が人間の生

活のあらゆる側面に影響を及ぼす良い変化のことで（Stolterman & Fors, 2004），学校においてもICT活用による学習のあり方の変化が期待されています（第7章と第15章参照）。とくに問題を解決する探究とICTとの親和性は高く，ICTを活用することによって，児童生徒の探究はより充実したものとなります。学校における今後のICT活用としては，**クラウド**の活用が推進されています。クラウドとは，PCやスマホなどの利用者がサーバーやソフトウェアを自分で用意しなくても，インターネット上の必要なサービスを利用することができる形態のことです。クラウドを活用すると，従来のICT環境と比べて情報を共有しやすく，時間や場所を問わず，児童生徒の協働を促すことができます。データもUSBメモリなどを使用せずに保存でき，学校で行っていたことを，自宅でも同じ状況で再開することができるのです。

　探究を深めるためには，前章までにみてきたICT活用の理論と実践を総動員し，児童生徒が円滑にICTを活用できるようにするための支援が必要です。そのためには，第8章でみたように，教師自身がICT活用の指導力を高めておきましょう。他の教師や外部の方と連携を図ることも有効です。

　藤井聡太さんは「探究」の色紙を掲げた日，「トップ棋士の方と対戦する機会を得られ，課題を見つけられた。とくに中盤の指し回しは成長できた」とし，子供たちに「好きなことに全力で取り組むことを大切にしてほしい」とメッセージを送っています。児童生徒が自分にあった課題を見つけ，全力で取り組むことができるような指導力を身につけたいものです。何より教師も探究心を持ち，児童生徒と一緒に探究を楽しみましょう。

やってみよう・試してみよう

①各教科の授業，あるいは総合的な学習（探究）の時間で，どのようなテーマで進めると児童生徒の探究が深まるか考えてみましょう。

②①で考えた探究のテーマでは，どのようなリテラシーを育成できるか考えてみましょう。

第**20**章　学校図書館と情報活用能力

庭井史絵

┌─ ○ KEY WORDS ────────────────────────────────
│ 学校図書館，情報センター，司書教諭，学校司書，ラーニング・コモンズ，
│ オンラインデータベース，情報リテラシー
└───

1. 学校教育における学校図書館の位置づけ

（1）学校図書館に求められる機能

　学校教育法施行規則の第一条に「学校には，その学校の目的を実現するために必要な校地，校舎，校具，運動場，図書館又は図書室，保健室その他の設備を設けなければならない」（下線は筆者による）とあるように，すべての小・中・高等学校には**学校図書館**があります。学校図書館は「学校図書館法」においても，「学校教育において欠くことのできない基礎的な設備」とされています。

　学校図書館の目的は「教育課程の展開に寄与すること」と「児童又は生徒の健全な教養を育成すること」であり（「学校図書館法」第二条），学校教育に必要な資料の収集と提供，図書館や図書館資料の利用に関する指導，博物館や公民館との連携などを行っています（同第三条）。

　文部科学省（2016）が定めた「学校図書館ガイドライン」によると，学校図書館には，児童生徒の読書活動や児童生徒への読書指導の場である**読書センター**としての機能，児童生徒の学習活動を支援したり，授業の内容を豊かにしてその理解を深めたりする**学習センター**としての機能，児童生徒や教職員の情報ニーズに対応したり，児童生徒の情報の収集・選択・活用能力を育成したりする**情報センター**としての機能があります。

　この三つの機能のなかで，近年，とくに重視されているのが「情報センター」としての役割です。図書館といえば，紙に印刷された図書を利用する場と捉えられがちですが，公共図書館や学校図書館が収集・提供している情報メディア

は，印刷資料以外にも，視聴覚資料，電子資料（インターネットやオンラインデータベースを含む）などがあります。また，「学校図書館法」第四条に「図書館資料の利用その他学校図書館の利用に関し，児童又は生徒に対し指導を行うこと」とあるように，学校図書館では，学校内外の多様な情報を効果的に利用するための指導を行います。つまり，学校図書館は，児童生徒の**情報活用能力**（第 16 章参照）を育成する一翼を担っているのです。

（2）司書教諭と学校司書

　学校図書館の専門的職務を担うのは，**司書教諭**と**学校司書**です。

　司書教諭は，教諭の中から資格を有する者をもって充てるとされており（「学校図書館法」第五条），一定規模以上の学校に必ず置くことが義務づけられています。多くの場合，教科や担任をもつ教員が司書教諭を兼任し，学校図書館の経営方針や指導計画の立案（カリキュラム・マネジメント），学校図書館を活用した授業の支援を行っています。また，学校全体の情報環境の整備に携わったり，著作権や情報モラルに関する指導の中心になったり，**探究学習**や**プロジェクト型学習**（PBL）を指導する教員に助言したりすることもあります。

　一方，学校司書は，司書教諭と協力しながら学校図書館運営にあたる職員を指しますが，その配置状況や求められる資格は，学校や地方自治体によって大きく異なります。文部科学省（2021）の「学校図書館の現状に関する調査」によると，学校司書を配置している小学校は 68.8％，中学校 64.1％，高等学校 63.0％ですが，そのうち常勤の学校司書がいる割合は，それぞれ 9.7％，10.9％，51.2％です。学校司書は，図書館業務一般の他に「教育指導への支援」を行っており，学校図書館が情報センターとして機能するよう，児童生徒や教職員の情報ニーズに対応したり，情報活用能力の育成を目的とした指導が円滑かつ効果的に行われるよう協力したりしています。

2. 学校図書館とICT

（1）多様化する図書館資料と空間

　学校図書館が提供する情報メディアには，図書のほか，雑誌，新聞，視聴覚

図 20-1 高森町立高森北小学校図書館　　**図 20-2 鳥取県立鳥取西高等学校図書館**

資料，電子資料，ファイル資料，パンフレット，自校独自の資料，模型等があります。また，児童生徒1人1人の教育的ニーズに応じて，点字図書，音声図書，拡大文字図書，LLブック，マルチメディアデイジー図書，外国語資料，読書補助具，拡大読書器などを備えることも求められています。

　学校図書館に多種多様な情報メディアが用意されることによって，紙の本と電子書籍の両方で読書をしたり，百科事典，図鑑，インターネットやオンラインデータベースを使い分けながら情報収集をしたり，グループで情報の共有や整理・分析を行ったりできるようになります。例えば，高森町立高森北小学校の図書館では，児童が，本や教科書とタブレット端末を使って理科の課題に取り組んでいます（図 20-1）。また鳥取県立鳥取西高等学校の図書館では，生徒が，図書，新聞といった印刷メディアとインターネットやオンラインデータベースなどの電子メディアを，必要に応じて使い分けながら情報収集にあたっています（図 20-2）。

　近年，大学図書館に**ラーニング・コモンズ**と呼ばれる空間がつくられるようになりました。図書館資料やオンラインデータベースを使った調べもの，情報の共有や加工，グループ・ディスカッションができる設備が館内に整えられ，図書館員による専門的な指導や支援を受けることができます。学校図書館にも，校内LAN，PCやタブレット端末，大型提示装置等のICT環境を備え，あらゆる形態の情報を活用できるようにする必要があるでしょう。そのような学校図書館は，静かに自習や読書をするだけの場所ではなく，アクティブ・ラーニングなど多様化する学びを支える場となっています。

（2）学校図書館の「情報化」

　学校図書館の目録は，カード形式からオンラインへと移行し，**OPAC**（Online Public Access Catalog）での検索が可能になってきました。文部科学省の「学校図書館資源共有ネットワーク推進事業」（2004～2006 年度）によって，多くの地域で目録の電子化と共有化が進み，複数の学校や公共図書館の蔵書を横断検索したり，相互貸借サービスを利用したりできるようになりました。同省（2021年）の調査によると，小学校 80.5％，中学校 79.3％，高等学校 92.2％が，図書館の蔵書をデータベース化しています。また，2020 年度には株式会社カーリルが「COVID-19 学校図書館支援プログラム」を発表し，希望する学校に対して，児童・生徒が自宅から図書館の本を検索・予約できる簡易的なシステムを提供しました（2024 年 3 月末まで無償提供の予定）。

　印刷資料に加えて，**オンラインデータベース**を利用できる学校図書館が増えています。例えば「朝日けんさくくん」や「ヨミダス for School」のような新聞記事データベース，「ポプラディアネット」「ジャパンナレッジ School」といった百科事典，「理科年表プレミアム」などの統計資料が，図書館だけではなく，教室や家庭からでもアクセスできるようになりつつあります。また，インターネットで利用できる有用なコンテンツを，授業や課題の内容に合わせて選択し，学校図書館の Web サイトにリンク集として掲載する取り組みもあります。

　最近では，図書館の**電子書籍**サービスにも注目が集まっています。文部科学省委託調査「子供の読書活動の推進等に関する調査研究報告書」（総研，2019）によると，「図書館で電子書籍を借りられるようになるとよい」と思う子供は，小学生が 45.8％，中学生 45.8％，高校生 44.2％でした。2020 年度の休校期間中に，電子書籍サービスのトライアルを利用したり，青空文庫など無料で利用できるサイトを案内したりした学校図書館もあり，今後の広がりが期待されています。一方，電子書籍を貸し出している公共図書館は，2021 年 4 月現在，201館（205 自治体）となっています。児童生徒は，居住（在学）する自治体の公共図書館で電子書籍を利用することができます。熊本市立図書館では，2020 年4 月から，学校図書館の利用カードで市立図書館の電子書籍サービスが利用できるようになり，読書や学習での活用が期待されています。

　1 人 1 台端末の時代における学校図書館は，図書館の資料や設備の利用を促

すだけではなく，非来館型のサービスを積極的に提供することで，学校内外での児童生徒や教職員の情報利用を支援しているのです。

3. 学校図書館における情報活用能力の育成

(1) 図書館と情報リテラシー教育

　情報リテラシーという語は，1974年に情報産業協会（IIA：Information Industry Association）の会長だったツルコフスキー（P. C. Zurukowski）が，米国図書館情報学委員会に提出した報告書の中で初めて使用しました。図書館が利用者に対して行っている「図書館利用教育」は，「図書館を含むさまざまな情報（源）の効果的利用に必要な知識や技能（情報リテラシー）の修得を目指す種々の活動」（日本図書館情報学会用語辞典編集委員会，2020）と定義されています。

　学校図書館も，長年，児童生徒の情報リテラシーを育むための「図書館利用指導」に取り組んできました。戦後，文部省（1948）が作成した『学校図書館の手引』には，「図書および図書館利用法の指導」として，辞書や事典の利用法からノートの取り方，文献評価まで多様な指導項目が示されています。総合的な学習の時間の導入など，問題解決型学習やプロジェクト型学習（PBL）が取り入れられるようになると，司書教諭や学校司書も，探究的な学びの過程で情報を活用するための指導を担うようになりました。全国学校図書館協議会（2019）が作成した「情報資源を活用する学びの指導体系表」には，「課題の設定」「メディアの利用」「情報の活用」「まとめと情報発信」の各段階で必要な知識や技能が，発達段階に応じて整理されています。第16章で示した情報活用能力育成のための想定される学習内容（表16-2）では，「問題解決・探究における情報活用」と図書館利用教育における情報リテラシーは深く関連しています。

(2) 学校図書館における情報活用能力の育成

　文部科学省（2020）が公表した『図書館実践事例集』には，情報活用能力の育成に資する，情報センターとしての学校図書館が紹介されています。例えば，鳥取県立米子東高等学校では，各教科の探究学習で，ホワイトボードやプロジェ

クタ，ノートパソコンが供えられた図書館が活用され，司書教諭や学校司書の
支援のもと，印刷資料と電子資料の使い分け，情報の記録の仕方，情報を生か
した書き方など「情報活用スキル」の指導が行われています。また，中央大学
附属中学校・高等学校の図書館は，電子書籍やオンラインデータベース，学習
に役立つWebサイトをまとめたポータルサイトを作成して，信頼できる情報源
へのアクセスを推奨しています。また，収集した情報の記録・整理・分析・思
考の可視化・提示など，情報を活用した学習がすべて図書館内でもできるよう，
ICTをはじめとする学習環境を整え，司書教諭や学校司書が学校図書館を使っ
た授業を支援しています。

　この他にも，高森町立高森北小学校の図書館では，国語の単元「引用すると
き」で，学校司書が著作権や引用のルールについて電子黒板を使って説明した
り，探究学習に必要な教材を作成して町内共有ドライブに保存，教員や他校の
図書館が使えるようにしたりしています。また，埼玉県立浦和第一女子高等学
校の図書館では，保健体育の授業や総合的な探究の時間のなかで，自校OPAC
の検索のしかた（and／or検索）だけでなく，国立国会図書館サーチや，公共
図書館の横断検索サービスなどを使って幅広く資料を集めるスキルを指導した
り，新書の探し方や読み方をアドバイスしたりしています。

　学校図書館における情報活用能力育成は，情報の探し方だけではなく，情報
の評価の仕方，情報の読み取り方，情報を使った書き方など，情報を使って学
ぶために必要な知識や技能を幅広く扱っているところに特徴があります。

やってみよう・試してみよう

①児童生徒が利用できるオンラインデータベースにはどのようなものがあるか，調べ
　てみましょう。

②探究学習の過程で，印刷メディアと電子メディアをどのように使い分ければよいか
　説明してみましょう。

第21章 情報活用能力のカリキュラム・マネジメント

右寄せ

泰山　裕

KEY WORDS

情報活用能力，カリキュラム・マネジメント，思考スキル，思考ツール

1. 学習の基盤となる資質・能力としての情報活用能力

　学習指導要領において，第16章，18章，20章でも示されているように，**情報活用能力**は言語能力や問題発見・解決能力と並んで**学習の基盤となる資質・能力**として例示されています。

　学習の基盤となる情報活用能力とはいったいどのような能力なのでしょうか。まず，学習の基盤となる資質・能力について考えましょう。学習を円滑に，より深く進めていくためには，そもそも学習を進めるための資質・能力が必要になります。例えば，言語を用いて，理解したり，思考したり，表現したりする能力がないと教科等の学習を深めることが難しいでしょう。このような学習を円滑に，効果的に進めるための力のことを，学習指導要領では，学習の基盤となる資質・能力と呼んでいます。

　それでは，そのような資質・能力として例示されている情報活用能力とは，どのような能力を指すのでしょうか。文部科学省は，情報教育を先進的に進めてきた学校での指導事例を参考にして，資質・能力の三つの柱の視点から整理された情報活用能力の体系表例を公表しています。この体系表例では，情報活用能力の要素が具体的に示されています（114ページ・表16-1を参照）。情報活用能力は，ICTの基本的な操作に加えて，集めた情報を整理・分析するための方法，そして，情報社会で生きるために知っておくべき**情報モラル**や**情報セキュリティ**（第18章参照）を含んだものとして整理されています。

　児童生徒の1人1台環境が整備された今，このような情報活用能力が学習の基盤として求められると同時に，教科等の学習で情報活用能力が発揮されるこ

とで，情報活用能力自体も高めていくというような循環的な指導が求められています。

　それでは，情報活用能力を育てるためには，どのようなことに注意が必要でしょうか。情報活用能力は一度**指導**されれば，すぐに自由に活用できるようになるようなものではありません。指導に加えて，教科等の学習の中で，何度も情報活用能力が**発揮**される場面が繰り返されることによって育成されます。

　例えば，情報活用能力の一つの要素であるタイピングの技能を例に考えてみましょう。ある時間で効率的なタイピングの方法を指導したとしても，それだけで児童生徒がすぐ自由にタイピングできるようにはなりません。様々な教科等の学習活動の中で，タイピングする機会がたくさんあることで，タイピングの技能が向上し，学習の基盤となる資質・能力として発揮できるようになるでしょう。逆に，タイピングの方法を何も指導せずに，教科等の学習の中でひたすらタイピングをさせても，上手にタイピングできるようになるには時間がかかります。適切な学び方や学習方法を指導し，それを学習の中で活用する機会が何度も繰り返されることによって，タイピングの技能が育っていきます。

　タイピング技能以外の情報活用能力についても，同様に，きちんとその方法を指導し，それを教科等の学習の中で活用できる機会を多く準備することで，情報活用能力が学習の基盤として発揮されるようになっていくでしょう。

2. 情報活用能力を育むカリキュラム・マネジメントとは

　前節で述べたような指導を計画するためには，各教科等の学習の基盤となる情報活用能力を具体化したうえで，その関係を教科横断的に整理する，いわゆる**カリキュラム・マネジメント**が求められます。カリキュラム・マネジメントは，学習指導要領解説総則編では，「学校教育に関わる様々な取組を，教育課程を中心に据えながら組織的かつ計画的に実施し，教育活動の質の向上につなげていくこと」とされています。

　特に小学校では，情報を取り扱う教科は直接的に存在しません。そのため，情報活用能力を育むには，どの教科等の時間にどのような能力を習得させ，それをどの教科等で発揮させるのか，ということを計画したうえで指導することが

表 21-1　学習指導要領に対応する情報活用能力の項目の校種別の数

	A-1-①	A-1-②	A-1-③	A-2-①	A-2-②	A-3-①	A-3-②	B	C-1-①	C-1-②	C-2-①	C-2-②
小学	10	20	15	935	155	15	23	147	299	129	24	13
中学	5	28	14	587	110	7	27	85	156	126	6	2
高校	16	148	35	1709	391	34	63	276	551	423	89	10

必要です。

　学習指導要領と情報活用能力の関係を整理した研究（泰山・堀田，2021）によると，情報活用能力の項目の全てがいずれかの教科等の学習内容と関係することが示されています（表 21-1）。1 行目の記号は，表 16-1 の情報活用能力の分類に対応しており，その下の数字は，その校種の学習指導要領との対応数を示しています。この表を見てもわかる通り，操作技能や情報メディアの特徴（A-1），情報モラル等の情報を扱う際の前提となる知識及び技能（A-3），態度（C-2）は各教科等の学習指導要領と対応づけられる数が少ないことがわかります。これらは，教科等の目標に直接的に位置づけにくい情報活用能力の項目ですが，タイピング技能や情報モラルに関する知識や態度のように，学習の基盤として求められるため，どこかのタイミングでの指導が必要です。学習指導要領総則においても「各教科等の特質に応じて」「児童がコンピュータで文字を入力するなどの学習の基盤として必要となる情報手段の基本的な操作を習得するための学習活動」を「計画的に実施すること」と示されており，これらの能力の指導を工夫して行うことが求められています。

　一方，A-2 や B，C-1 といった項目は，多くの教科等の学習と関係することがわかります。とくに A-2 は他の項目と比べて，多くの対応が確認されています。これらの項目は教科等の目標と合わせて情報活用能力を指導することができます。例えば，社会科では「様々な資料や調査活動を通して情報を適切に調べまとめる技能を身に付ける」ことが教科等の目標として位置づけられています。国語科における「情報と情報の関係の理解」や算数・数学科における「データ活用」の領域で，集めた情報の整理・分析の方法が指導されます。図画工作，音楽，美術，芸術では，自分の伝えたいイメージをどのように表現するのか考えることが教科の目標となっています。そして，総合的な学習／探究の時間では，これらの情報活用能力を目的に応じて発揮することが求められます。

　このように，各教科等の学習の基盤となる情報活用能力の指導，各教科等の特質に応じた情報活用能力の指導とその発揮という視点で，カリキュラムを構成することが必要になります。

3. カリキュラム・マネジメントの視点としての思考スキル

　情報活用能力には多くの要素が含まれています。その全ての視点でカリキュラム・マネジメントを行うのは大変です。そこで，ここからは「A-2　問題解決・探究における情報活用の方法の理解」（114ページ・表16-1を参照）の中でも**思考スキル**に焦点化したカリキュラム・マネジメントについて紹介します。

　思考スキルとは、思考を行動レベルで具体的に捉えたものです。学習指導要領の分析から，表21-2のような19種類の思考が求められていることが明らかになっています（泰山ら，2014）。曖昧になりがちな「考える」という言葉をこのような具体的な言葉に置き換えることで，考えるための方法を指導する，という視点です。また，このような思考スキルを促すために，**思考ツール**を用い

表21-2　学習指導要領における思考スキル

思考スキル	定義
多面的にみる	多様な視点や観点にたって対象を見る
変化をとらえる	視点を定めて前後の違いをとらえる
順序立てる	視点に基づいて対象を並び替える
比較する	対象の相違点，共通点を見つける
分類する	属性に従って複数のものをまとまりに分ける
変換する	表現の形式（文・図・絵など）を変える
関係づける	学習事項同士のつながりを示す
関連づける	学習事項と実体験・経験のつながりを示す
理由づける	意見や判断の理由を示す
見通す	自らの行為の影響を想定し，適切なものを選択する
抽象化する	事例から決まりや包括的な概念をつくる
焦点化する	重点を定め，注目する対象を決める
評価する	視点や観点をもち根拠に基づいて対象への意見をもつ
応用する	既習事項を用いて課題・問題を解決する
構造化する	順序や筋道をもとに部分同士を関係づける
推論する	根拠に基づいて先や結果を予想する
具体化する	学習事項に対応した具体例を示す
広げてみる	物事についての意味やイメージ等を広げる
要約する	必要な情報に絞って情報を単純・簡単にする

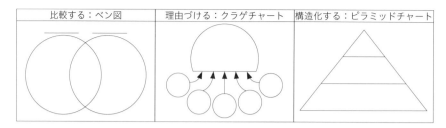

| 比較する：ベン図 | 理由づける：クラゲチャート | 構造化する：ピラミッドチャート |

図 21-1　思考スキルを支援する思考ツールの例（シンキングツール〜考えることを教えたい〜 http://www.ks-lab.net/haruo/thinking_tool/short.pdf より）

た指導も行われています（図 21-1）。同じ考え方をするときには，同じツールを教科等横断的に活用させることで，思考スキルを意識化させやすくなると同時に，教科等の学習を思考スキルの視点で結びつけることができるのです。

　どの教科のどの場面でどの種類の思考スキルが育成されているのか，どの教科のどの場面でどの思考ツールを活用できるのかを整理し，計画的に指導することが思考スキルに焦点化した情報活用能力のカリキュラム・マネジメントであるといえます。情報活用能力を具体的な思考スキルの言葉とそれに対応したツールの組み合わせで捉えることで，教科等横断的なカリキュラム・マネジメントを計画することができるのです。

4.　カリキュラム・マネジメントの実際

　思考スキルの視点から，各教科の学びをつなげ，カリキュラム・マネジメントを行った，公立小学校の事例を紹介します。

　この小学校では，教科等横断的に思考スキルと思考ツールを活用した実践を進めてきました。様々な教科等で思考ツールを用いて，思考スキルを習得させ，発揮させる実践を積み重ねる中，どの学年が，どの教科でどのような実践をしているのかについて，六つの思考スキルの視点からこれまでの学習を振り返り，各教科等の学習をつなげるカリキュラム・マネジメントを行いました。その結果が表 21-3 です。このように整理することで，各教科等の学びを思考スキルの視点から関連づけることができます。

　例えば，1 年生が国語で挿絵を比較する学習は，6 年生の理科で太陽と月を比

表 21-3　思考スキルの視点からのカリキュラム・マネジメントの表

	比較する	分類する	多面的にみる	関連づける	構造化する	評価する
1 年	国:春と冬の挿絵	生:虫さがし	生:どろんこ・観察	図:ありすといか	国:自動車くらべ	生:お店やさん
2 年	算:表とグラフ	生:植物園作り	国:友達を知ろう	国:スイミー・感想文	国:あらすじの説明	学:遠足の振り返り
3 年	社:スーパーとコンビニ	国:言葉の仲間わけ	学:夏休みの生活	国:物語をつくろう	国:資料からわかることを発表しよう	学:掃除のかかり決め
4 年	図:OHPとプロジェクタ	理:体のつくり	理:季節さがし	理:水と空気の体積	社:警察署と消防署	総:学校をよくしよう
5 年	社:沖縄と北海道	家:身の回りの仕事	社:食糧自給率	社:米作り	国:グラフや表を引用して意見を書く	図:自分の作った作品
6 年	理:太陽と月	総:戦争を調べて考えたこと	国:この絵わたしはこう見る	家:布の性質	理:食物連鎖	体:水泳見学

べてそれぞれの特徴を理解する学習につながることがわかります。このようなことを意識しながら指導することによって，教師にとっても児童生徒にとっても，教科等の学習の中で思考スキルを意識して指導することが可能になり，それを他の教科等で活用させるという実践がやりやすくなります。

　学習指導要領において，学習の基盤となる資質・能力として位置づけられている情報活用能力は，これからの社会を生きる児童生徒にとって必要な資質・能力でもあります。そのような能力を育てるためには，必要なことを指導したうえで，各教科等の特色に応じて活用させることが必要になります。

　そのためには，カリキュラム・マネジメントを行い，各教科等の学習にちりばめられている情報活用能力を関連づけた指導が必要です。思考スキルのように育成を目指す情報活用能力を具体的に捉える視点を活用したカリキュラム・マネジメントを行い，教科横断的な指導を行うことが求められます。

//////////////////////////////// **やってみよう・試してみよう** ////////////////////////////////

①教科等の単元の中に情報活用能力の要素がどのように含まれているかを考えてみましょう。

②学年と思考スキルを選び，その学年の中でその思考スキルがいつ，どの教科等で指導されているかを抽出し，１年間のカリキュラム・マネジメントをしてみましょう。

あとがき

　私自身はこれまで，2単位で設定されていた「教育の方法と技術」の授業担当者として，学生の皆さんと授業を進めてきました。「教育の方法と技術」では，教師として授業に取り組む際の基本的な教育技術や，目的や場面に応じた教育方法に着目しつつ，その中で必要となる情報通信技術（ICT）や情報モラル教育「も」学びます。しかし，本講義のみでICTを活用した理論や方法を学ぶ機会は限られていることを肌で感じてきました。限られた時間の中で，学生の皆さんが，ICTを授業で活用していくことの意義がわかり，そして実際に授業で使えるレベルにはなかなか到達することができないことも感じてきました。

　こうした中で，学校現場では，1人1台端末を活用し，学習に取り組んだり，学校生活をより豊かにしていくための「GIGAスクール構想」がスタートしました。学生の皆さんはもちろん，1人1台端末を活用した授業を経験したことがない人がほとんどですから，教育の方法と技術だけでは，さらに時間が足りなくなることを危惧していました。この想いは，私だけが感じていたことだけではありませんでした。そこで新科目の議論が始まったと捉えています。本書の企画も，教職課程コアカリキュラムとして定められた「情報通信技術を活用した教育に関する理論及び方法」の議論のために実施された，2020年12月22日に開催された中央教育審議会初等中等教育分科会教員養成部会（第119回）にて，編著者である稲垣と佐藤がそれぞれの大学での取り組みを発表したことがきっかけでした。

　「教育の方法と技術」から「情報通信技術を活用した教育に関する理論及び方法」が独立したことにより，「教育の方法と技術」ではより広く深く教育技術や教育方法を学ぶことが可能になります。また，「情報通信技術を活用した教育に関する理論及び方法」では十分にGIGAスクール構想の実際や先端技術の活用を学ぶことができるようになります。学生の皆さんから見れば，勉強しなけれ

ばいけないことが増えたように思うかもしれません。しかし，今の子供たちが学校を卒業し，生きていく時代は，今よりもさらにICTに支えられ，活かしていく時代になっていきます。特にわが国は，これから極めて困難な時代を迎えます。子供たちが社会を支える現役世代となる2050年には人口が1億人を切り，皆さんの子供や孫の世代となる2100年には，人口は5,000万人を切るとも試算されています。そして子供たちも，ますます多様な文化や背景の中で育つことになるでしょう。高齢化率は40％であり，生産年齢人口が限られた時代を生き抜く子供たちには，情報通信技術を使いこなし，仕事や人生に活かしていく力が不可欠です。そのためには何を知り，どのように子供たちを育てていかなければならないか，そのヒントが詰まっているのが本書です。

　本書の執筆者は，わが国の学校教育におけるICT活用を支え，推進に従事してきた代表的な研究者です。この中には，学校現場の教師として日々，子供たちと向き合ってきた研究者や毎日のように学校で子供を見て，教師の授業を見ている研究者が何人もいます。本書では，そんな実践力豊かな，研究者の専門的な知見によって，教師を志す学生の皆さんに必須の知識が詰め込まれています。本書を手に取った人が，これからの学校に必要な知識を深め，教師として生き生きとこれからの担い手を育ててくださることを願っています。

　最後に，本書の編集にあたっては北大路書房の森光佑有さんにお世話になりました。改めてお礼申し上げます。

2021年11月　「教育のICT元年」といわれる年に

佐藤和紀

「情報通信技術を活用した教育の理論及び方法」と本書の対応

全体目標：　情報通信技術を活用した教育の理論及び方法では，情報通信技術を効果的に活用した学習指導や校務の推進の在り方並びに児童及び生徒に情報活用能力（情報モラルを含む。）を育成するための指導法に関する基礎的な知識・技能を身に付ける。

（1）情報通信技術の活用の意義と理論

一般目標：　情報通信技術の活用の意義と理論を理解する。

到達目標：　1) 社会的背景の変化や急速な技術の発展も踏まえ，個別最適な学びと協働的な学びの実現や，主体的・対話的で深い学びの実現に向けた授業改善の必要性など，情報通信技術の活用の意義と在り方を理解している。 1〜5章
　　　　　　2) 特別の支援を必要とする児童及び生徒に対する情報通信技術の活用の意義と活用に当たっての留意点を理解している。 6章
　　　　　　3) ICT支援員などの外部人材や大学等の外部機関との連携の在り方，学校におけるICT環境の整備の在り方を理解している。 7・20章

（2）情報通信技術を効果的に活用した学習指導や校務の推進

一般目標：　情報通信技術を効果的に活用した学習指導や校務の推進の在り方について理解する。

到達目標：　1) 育成を目指す資質・能力や学習場面に応じた情報通信技術を効果的に活用した指導事例（デジタル教材の作成・利用を含む。）を理解し，基礎的な指導法を身に付けている。 8〜10・13章
　　　　　　2) 学習履歴（スタディ・ログ）など教育データを活用して指導や学習評価に活用することや教育情報セキュリティの重要性について理解している。 4・8・11・14章
　　　　　　3) 遠隔・オンライン教育の意義や関連するシステムの使用法を理解している。 10・12章
　　　　　　4) 統合型校務支援システムを含む情報通信技術を効果的に活用した校務の推進について理解している。 13・14章

（3）児童及び生徒に情報活用能力（情報モラルを含む。）を育成するための指導法

一般目標：　児童及び生徒に情報活用能力（情報モラルを含む。）を育成するための基礎的な指導法を身に付ける。

到達目標：　1) 各教科，道徳，特別活動，総合的な学習の時間（以下「各教科等」という。）において，横断的に育成する情報活用能力（情報モラルを含む。）について，その内容を理解している。 16〜21章
　　　　　　2) 情報活用能力（情報モラルを含む。）について，各教科等の特性に応じた指導事例を理解し，基礎的な指導法を身に付けている。 16〜19章
　　　　　　3) 児童に情報通信機器の基本的な操作を身に付けさせるための指導法を身に付けている。　※小学校教諭　 15章

科　目　名：「ICT活用の理論と方法」

授業テーマ：教育の情報化の過去・現在・未来をさぐる

科目の概要：

　教育現場におけるICT（情報通信技術）の活用について，その歴史的経緯，現状，今後の方向性を理解する。授業における児童生徒および教員によるICT活用の他，授業の準備，学習評価に関する活用，校務における活用や教育データの活用を取り上げる。また，情報社会を生きていくための資質・能力である情報活用能力について，その構成要素および具体的な指導法，教育課程上の位置づけについて解説する。本科目では，講義および視聴覚資料による解説・事例紹介と，学生自身が各種ICT機器，環境を活用し，体験的に学修する機会を設けることを基本とする。

達 成 目 標：

（1）教育現場におけるICT活用の意義や理論について理解する

（2）ICTを活用した学習指導や校務の実際と今後の在り方について理解する

（3）情報活用能力を育成する意義および育成方法を身につける

授 業 計 画（2単位の場合）：

回	概要	コアカリ
第1回	オリエンテーション　現代社会におけるICTの役割（1章）	(1) 1)
第2回	視聴覚メディア・コンピュータの教育への導入（2・3章）	(1) 1)
第3回	教育における先端技術とデジタルコンテンツ（4・9章）	(1) 1)・(2) 1)
第4回	教師のICT活用指導力を高める（5・8章）	(1) 1)・(2) 1)
第5回	対話的な学びを深めるICTの活用（10章）	(2) 1)
第6回	個別最適な学びを支えるICTの活用（11章）	(2) 2)
第7回	遠隔授業・遠隔学習と学びの保障（12章）	(2) 3)
第8回	特別支援・幼児教育におけるICT活用（6・13章）	(1) 2)
第9回	校務の情報化とデータの活用（14章）	(2) 4)
第10回	児童生徒によるICT活用（15・16章）	(3) 3)・(3) 2)
第11回	プログラミング教育がめざすこと（17章）	(3) 1)・(3) 2)
第12回	情報モラル・情報セキュリティ教育の重要性（18章）	(3) 1)・(3) 2)
第13回	探究を支える情報活用能力（19・20章）	(3) 1)・(3) 2)
第14回	情報活用能力を体系的に育むために（21章）	(3) 1)・(3) 2)
第15回	学校とテクノロジのこれから（7章）	(1) 3)

授 業 計 画（1 単位の場合）：

回	概要	コアカリ
第1回	オリエンテーション　現代社会におけるICTの役割と導入（1・2・3章）	(1) 1)
第2回	教師のICT活用指導力と先端技術とデジタルコンテンツの活用（4・5・7・8・9章）	(1) 1)・(1) 3)・(2) 1)
第3回	特別支援・幼児教育におけるICT活用（6・13章）	(1) 2)
第4回	個別最適な学びと対話的な学びを深めるICTの活用と遠隔授業（10・11・12章）	(2) 1)・(2) 2)・(2) 3)
第5回	児童生徒によるICT活用（15・16章）	(3) 3)・(3) 2)
第6回	児童生徒の情報活用能力の育成（17・18・19・20・21章）	(3) 1)・(3) 2)
第7回	校務の情報化とデータの活用（14章）	(2) 4)

　本テキストは全部で21章あります。ここでは，15回および7回の講義での実施例を掲載しました。実際には，大学のICT環境を用いた演習を組み合わせる場合も多いかと思われます。いくつかの授業方法のアイデアを記載しておきます。

(1) 事前学修としての活用

　・学生は事前学修としてテキストを読みます。授業ではテキストの内容を確認した後，テキスト内で記載された活用場面を取り上げた演習を行います（実践編が対応します）。

　・学生は事前学修としてテキストを読み，レジメやプレゼン資料を作成します。その際，学校現場での実践例をあわせてリサーチさせます。授業では学生による発表を中心に討議を行います（理論編・実践編とも対応します）。

(2) 章末課題の活用

　・理論編では「調べてみよう・議論してみよう」，実践編では「やってみよう・試してみよう」として章末課題を設定しました。理論編の「調べてみよう」を事前課題とし，「議論してみよう」を授業で取り組むことができます。実践編の「やってみよう」を授業の演習課題として取り組むのもよいでしょう。

(3) ジグソー形式の利用

　・ジグソー学習とは，1つの課題についての教材を複数に分割し，学習者が分担して教材を理解し，その内容を報告しあうことで理解を深める方法です。本テキストでは2章と3章，5章と8章，10章から12章，16章から19章のように相互に関連性のある部分があります。それらを授業あるいは事前学修として読み，共通の課題について討議します。

参考文献

■第 1 章　現代社会における ICT の役割

堀田龍也（2020）.「超スマート社会に向けた我が国の初等中等教育の課題と学会活動への期待」　教育情報研究, **35**(3), 3-13.

OECD　PISA：Programme for International Student Assessment. https://www.oecd.org/pisa/（2021 年 10 月 26 日閲覧）

■第 2 章　教育における視聴覚メディアの歴史的展開

堀江固功・浅野孝夫（1998）.『教育メディアの原理と方法』　日本放送教育協会

小平さち子（2014）.「調査 60 年にみる NHK 学校教育向けサービス利用の変容と今後の展望：『学校放送利用状況調査』を中心に」　NHK 放送文化研究所年報 2019, **58**, 91-169.

西本三十二（1957）.『デールの視聴覚教育』　日本放送教育協会

宇治橋祐之（2015）.「多様化する教育メディアの現状：放送メディアの拡張と深化から」　放送メディア研究, **12**, 13-37.

宇治橋祐之（2019）.「教育テレビ 60 年：学校放送番組の変遷」　NHK 放送文化研究所年報 2019, **63**, 131-193.

宇治橋祐之（2020）.「『学校放送オンライン』『NHK デジタル教材』から『NHK for School』へ：NHK 学校放送番組 ネット展開の 25 年」　放送研究と調査 2021 年 4 月号, 46-69.

宇治橋祐之・渡辺誓司（2021）.「GIGA スクール構想と『オンライン学習』に向けたメディア利用：2020 年度『新型コロナ下の小学校，中学校，特別支援学校でのメディア利用に関する調査』から」　放送研究と調査 2021 年 6 月号, pp48-79.

■第 3 章　教育におけるコンピュータ導入の歴史的展開

東原義訓（2008）.「我が国における学力向上を目指した ICT 活用の系譜」　日本教育工学会論文誌, **32**（3）, 241-252.

木村捨雄（2006）.「特定（領域）研究：『教育の現代化』から『新世紀型理数科系教育』における科学教育・教育工学研究」　日本科学教育学会年会論文集, **30**, 347-350.

教育と情報の歴史研究会（2019）.「教育情報化年表」https://hei.edufolder.jp/archives/216（2021 年 5 月 30 日閲覧）

■第 4 章　教育における先端技術の活用・STEAM

廣瀬通孝（2019）.『トコトンやさしい VR の本（今日からモノ知りシリーズ）」　日刊工業新聞社

ホルムス，W.・ビアリック，M.・ファデル，C.（著），関口貴裕（編訳）（2020）.『教育 AI が変える 21 世紀の学び：指導と学習の新たなかたち』　北大路書房

情報処理学会（2019）．「ISディジタル辞典：重要用語の基礎知識　第二版」 https://ipsj-is.jp/isdic/4299/（2021 年 10 月 26 日閲覧）

経済産業省（2019）．「『未来の教室』ビジョン：経済産業省『未来の教室』と EdTech 研究会 第 2 次提言」 https://www.meti.go.jp/shingikai/mono_info_service/mirai_kyoshitsu/pdf/20190625_report.pdf（2021 年 10 月 26 日閲覧）

教育再生実行会議（2019）．「技術の進展に応じた教育の革新，新時代に対応した高等学校改革について（第十一次提言）」 https://www.kantei.go.jp/jp/singi/kyouikusaisei/teigen.html（2021 年 10 月 26 日閲覧）

松原憲治・高阪将人（2017）．「資質・能力の育成を重視する教科横断的な学習としての STEM 教育と問い　科学教育研究，**41**(2), 150-160.

松尾　豊（2015）．『人工知能は人間を超えるか：ディープラーニングの先にあるもの』 KADOKAWA

文部科学省（2019）．「新時代の学びを支える先端技術活用推進方策（最終まとめ）」 https://www.mext.go.jp/component/a_menu/other/detail/__icsFiles/afieldfile/2019/06/24/1418387_02.pdf（2021 年 10 月 26 日閲覧）

文部科学省（2021）．「新時代の学びにおける先端技術導入実証研究事業(学校における先端技術の活用に関する実証事業・先端技術の効果的な活用に関する実証)について」 https://www.mext.go.jp/a_menu/shotou/zyouhou/detail/1416148.htm（2021 年 10 月 26 日閲覧）

中川一史・小林祐紀・兼宗　進・佐藤幸江（編著・監修）（2020）．『カリキュラム・マネジメントで実現する学びの未来 STE(A)M 教育を始める前に：カリキュラム・マネジメント実践 10』　翔泳社

Milgram, P. & Kishino, F.(1994). A taxonomy of mixed reality visual displays. *IEICE Transactions on Information and Systems*, **77**(12), 1321-1329.

館　暲・佐藤　誠・廣瀬通孝（2010）．『バーチャルリアリティ学』　工業調査会

■第 5 章　教職課程を通して身につける ICT 活用指導力

中央教育審議会（2021）．「『令和の日本型学校教育』の構築を目指して：全ての子供たちの可能性を引き出す，個別最適な学びと，協働的な学びの実現（答申）」 https://www.mext.go.jp/b_menu/shingi/chukyo/chukyo3/079/sonota/1412985_00002.htm（2021 年 5 月 31 日閲覧）

Koehler, M. J., & Mishra, P.（2008）. Introducing TPCK. In AACTE Committee on Innovation and Technology（Ed.）, *Handbook of technological content knowledge(TPCK) for educators*. New York and London: Routledge.　小柳和喜雄（訳）（2016）．「教員養成及び現職研修における『技術と関わる教育的内容知識（TPACK）』の育成プログラムに関する予備的研究」 教育メディア研究，**23**（1），15-31.

文部科学省（2019）．「平成 30 年度学校における教育の情報化の実態等に関する調査結果」 https://www.mext.go.jp/a_menu/shotou/zyouhou/detail/1420641.htm（2021 年 5 月 31 日

閲覧）

森下　孟・谷塚光典・東原義訓（2018）．「教育実習でのICT活用授業実践によるICT活用指
　　導力への効果」　日本教育工学会論文誌, **42**(1), 105-114.

Schulman, L. S.（1987）. Knowledge and teaching: Foundations of the new reform. *Harvard
　　Educational Review*, **57**(1), 1-21.

■第 6 章　特別支援教育における ICT 活用

福井県特別支援教育センター（2020）．「『読み』や『書き』に困難さがある児童生徒に対す
　　るアセスメント・指導・支援パッケージ」http://sky.netcommons.net/fukuisec/htdocs/
　　index.php?action=pages_view_mobile&page_id=113&room_id=0&nc_session=ged36qe8f
　　337bpvm54v85a78n6（2021 年 11 月 17 日閲覧）

魔法のプロジェクト　https://maho-prj.org/app/（2021 年 11 月 17 日閲覧）

水内豊和（2021）.「AAC，デジタル・シティズンシップ，そして未来の学びへつながるICT
　　活用」　実践みんなの特別支援教育，**49**(12)，10-13.

水内豊和（編）（2020）．『新時代を生きる力を育む 知的・発達障害のある子のプログラミン
　　グ教育実践』　ジアース教育新社

水内豊和・青山真紀・山西潤一（2018）．「知的障害児の体育科『立ち幅跳び』指導における
　　ICT活用の有効性」　教育情報研究，**33**（3），15-20.

Mizuuchi, T., Yamazaki, T. & Tsuge, M.（2020）. Humanoid robot-mediated communication
　　teaching for children with ASD: A case study. In Y. Katz & F. Stasolla(Eds.), *Education and
　　technology support for children and young adults with ASD and learning disabilities*(pp. 275-293). IGI
　　Global.

文部科学省（2012a）．「通常の学級に在籍する発達障害の可能性のある特別な教育的支援を
　　必要とする児童生徒に関する調査結果」

文部科学省（2012b）．「特別支援教育の在り方に関する特別委員会合理的配慮等環境整備検
　　討ワーキンググループ報告：学校における『合理的配慮』の観点」

島田明子・水内豊和（2015）．「知的障害者のメディアリテラシーに関する研究：障害特性と
　　適応行動との関連から」　第 41 回全日本教育工学研究協議会全国大会発表論文集, 160-
　　161.

鶴見真理子・高緑千苗・水内豊和（2014）．「知的障害者の学習ニーズと自己選択・自己決定
　　を尊重した情報活用力を高める生涯学習のあり方に関する実践研究」　特別支援教育コー
　　ディネーター研究, **10**, 61-70.

山崎智仁・水内豊和（2020）．「ICTを活用した自閉スペクトラム症児へのコミュニケーショ
　　ン指導」　日本教育工学会論文誌, **43**(Suppl.), 13-16.

山崎智仁・伊藤美和・水内豊和（印刷中）.知的障害特別支援学校小学部と高校における遠隔
　　による交流及び共同学習の実践．日本教育工学会論文誌．45(Suppl.).

■第7章　学校とテクノロジの関係を探る

クリステンセン，C. M.・ホーン，M. B.・ジョンソン，C. W.（著），櫻井祐子（訳）（2008）．『教育×破壊的イノベーション：教育現場を抜本的に改革する』　翔泳社

中央教育審議会（2021）．「『令和の日本型学校教育』の構築を目指して：全ての子供たちの可能性を引き出す，個別最適な学びと，協働的な学びの実現（答申）」（中教審第228号）

コリンズ，A.・ハルバーソン，R.(著)，稲垣　忠（編訳）(2020)．『デジタル社会の学びのかたち Ver.2：教育とテクノロジの新たな関係』　北大路書房

ホルムス，W.・ビアリック，M.・ファデル，C.（著），関口貴裕（編訳）（2020）．『教育AIが変える21世紀の学び：指導と学習の新たなかたち』　北大路書房

イリッチ，I.（著），東　洋・小澤周三（訳）（1977）．『脱学校の社会』　東京創元社

カーン，S.（著），三木俊哉（訳）（2013）．『世界はひとつの教室：「学び×テクノロジー」が起こすイノベーション』　ダイヤモンド社

厚生労働省(2021)．「人口動態統計速報(令和2年12月分)」　https://www.mhlw.go.jp/toukei/saikin/hw/jinkou/geppo/s2020/12.html（2021年10月26日閲覧）

マクルーハン，M.（著），栗原　裕・河本仲聖（訳）（1987）．『メディア論：人間の拡張の諸相』　みすず書房

三宅なほみ（1997）．『インターネットの子どもたち（今ここに生きる子ども）』　岩波書店

文部科学省（2019）．「教育の情報化に関する手引」

文部科学省（2020）．「文部科学統計要覧（令和2年版）」　https://www.mext.go.jp/b_menu/toukei/002/002b/1417059_00003.htm（2021年10月26日閲覧）

Puentedura, R.(2010). SAMR and TPCK: Intro to advanced practice. http://hippasus.com/resources/sweden2010/SAMR_TPCK_IntroToAdvancedPractice.pdf（2021年10月26日閲覧）

ライゲルース，C. M.・カノップ，J. R.（著），稲垣　忠（編訳）（2018）．『情報時代の学校をデザインする：学習者中心の教育に変える6つのアイデア』　北大路書房

■第8章　教師による ICT 活用を支える指導力

木原俊行（2012）．「授業研究と教師の成長」　水越敏行・吉崎静夫・木原俊行・田口真奈（編）日本教育工学会（監修）『授業研究と教育工学』　ミネルヴァ書房

文部科学省（2018）．「教員のICT活用指導力チェックリスト」https://www.mext.go.jp/a_menu/shotou/zyouhou/detail/1416800.htm（2021年10月26日閲覧）

高橋　純・堀田龍也（2008）．「小学校教員が効果的と考える普通教室でのICT活用の特徴」日本教育工学会論文誌, **32**（Suppl.），117-120.

八木澤史子・佐藤和紀・堀田龍也（2020）．「1人1台端末を活用した小学校の授業における教師の教授行動の分析」　日本教育工学会論文誌, **43**（Suppl.），41-44.

■第9章　デジタルコンテンツの役割

文部科学省（2020）．「学校教材の整備」　https://www.mext.go.jp/a_menu/shotou/kyozai/

index.htm

文部科学省（2021）．「デジタル教科書の今後の在り方等に関する検討会議（第一次報告）令和3年6月）」

NHK　NHK for school　https://www.nhk.or.jp/school/（2021年10月26日閲覧）

■第10章　教室内外の対話・協働を支えるICT

JAPAN ART MILE　「アートマイル壁画プロジェクト」　http://artmile.jp/activity/iime/（2021年5月31日閲覧）

文部科学省（2020）．「教育の情報化に関する手引き（追補版）」https://www.mext.go.jp/content/20200622-mxt_jogai01-000003284_001.pdf（2021年5月31日閲覧）

中央教育審議会（2021）．「『令和の日本型学校教育』の構築を目指して：全ての子供たちの可能性を引き出す，個別最適な学びと，協働的な学びの実現（答申）」　https://www.mext.go.jp/content/20210126-mxt_syoto02-000012321_2-4.pdf（2021年5月31日閲覧）

■第11章　個別最適化された学びを実現するICT

ベネッセ教育総合研究所（2014）．「小中学生の学びに関する実態調査」　https://berd.benesse.jp/up_images/research/Survey-on-learning_ALL.pdf（2021年10月26日閲覧）

中央教育審議会（2021）．「『令和の日本型学校教育』の構築を目指して：全ての子供たちの可能性を引き出す，個別最適な学びと，協働的な学びの実現～（答申）」（中教審第228号）【令和3年4月22日更新】　https://www.mext.go.jp/b_menu/shingi/chukyo/chukyo3/079/sonota/1412985_00002.htm（2021年10月26日閲覧）

Cronbach, L. J.（1957）. The two disciplines of scientific psychology. *American Psychologist*, **12**, 671-684.

岐阜市教育委員会・ベネッセ教育総合研究所（2019）．「『学びのプロセスの可視化』で育む生徒の学びのデザイン力」　https://berd.benesse.jp/up_images/research/manabidesign.pdf（2021年10月26日閲覧）

溝上慎一（2020）．「令和の日本型学校教育における『個別最適な学び』『協働的な学び』についての概念的考察」　https://www.mext.go.jp/content/20201023-mxt_kyoiku01-000010203_2.pdf（2021年10月26日閲覧）

文部科学省（2017）．「新しい学習指導要領『生きる力』」https://www.mext.go.jp/a_menu/shotou/new-cs/index.htm（2021年10月26日閲覧）

文部科学省（2019）．「子供たち一人ひとりに個別最適化され，創造性を育む教育ICT環境の実現に向けて：令和時代のスタンダードとしての1人1台端末環境」　https://www.mext.go.jp/content/20191225-mxt_syoto01_000003278_03.pdf（2021年10月26日閲覧）

文部科学省（2021）．「GIGAスクール構想の実現に向けたICT環境整備（端末）の進捗状況（令和3年3月末時点）について（確定値）」　https://www.mext.go.jp/content/20210518-mxt_jogai01-000009827_001.pdf（2021年10月26日閲覧）

大阪市教育委員会（2020）．「次世代学校支援事業ガイドブック」https://www.mext.go.jp/

content/20200515-mxt_jogai02-100003155_001.pdf（2021 年 10 月 26 日閲覧）

ジマーマン, B. J.・シャンク, D. H.（著），塚野州一（編訳）（2006）.『自己調整学習の理論』
　　北大路書房

■第 12 章　ICT による学びの保障・遠隔授業の可能性

鄭　仁星・久保田賢一（2006）.『遠隔教育と e ラーニング』　北大路書房

日本教育工学会（2020）.「教育の情報化 SIG：学校と家庭をつなぐオンライン学習導入ガイ
　　ド」　https://www.jset.gr.jp/sig/sig-04/（2021 年 4 月 4 日閲覧）

文部科学省（2019）.「遠隔導入ガイドブック第 3 版」　https://www.mext.go.jp/a_menu/
　　shotou/zyouhou/1364592.htm（2021 年 4 月 4 日閲覧）

文部科学省（2020）.「遠隔教育システム活用ガイドブック第 3 版」　https://www.
　　mext.go.jp/a_menu/shotou/zyouhou/detail/1404422.htm（2021 年 4 月 4 日閲覧）

■第 13 章　幼児教育における ICT 活用

文部科学省（2018）.「幼稚園教育要領解説」（平成 30 年 2 月）　p.108.

佐藤朝美・佐藤桃子（2013）.「紙絵本との比較によるデジタル絵本の読み聞かせの特徴の分
　　析」　日本教育工学会論文誌, **37**（SuppL），49-52.

■第 14 章　校務の情報化とデータの活用

中央教育審議会（2006）.「教員の職務について（初等中等教育分科会・教職員給与の在り方
　　に関するワーキンググループ（第 8 回）　配付資料 5）」https://www.mext.go.jp/b_menu/
　　shingi/chukyo/chukyo3/041/siryo/attach/1417145.htm（2021 年 10 月 26 日閲覧）

中央教育審議会（2021）.「『令和の日本型学校教育』の構築を目指して：全ての子供たちの
　　可能性を引き出す，個別最適な学びと，協働的な学びの実現（答申）」　https://www.mext.
　　go.jp/content/20210126-mxt_syoto02-000012321_2-4.pdf（2021 年 10 月 26 日閲覧）

宮田明子・山本朋弘・堀田龍也・伊藤三佐子・片山淳一・鈴木広則（2016）.「校務支援シス
　　テムの運用による校務の状況の改善と機能の必要性に関する教員の意識の経年比較」　日
　　本教育工学会論文誌, **39**（Suppl.），49-52.

文部科学省（2021）.「教育データの利活用に係る論点整理（中間まとめ）」https://www.mext.
　　go.jp/content/20210331-mxt_syoto01-000013887_1.pdf（2021 年 10 月 26 日閲覧）

日本教育工学振興会（2006）.「校務情報化の現状と今後の在り方に関する研究」　http://
　　www2.japet.or.jp/komuict/rp00.pdf（2021 年 10 月 26 日閲覧）

■第 15 章　1 人 1 台を日常的に活用する

エルモ社（2019）.　Hot Edu Growing, **2**.

教育家庭新聞（2021）.「1 人 1 台 PC 活用は業務改善から：春日井市教育委員会」

国立教育政策研究所（2019）.「OECD 生徒の学習到達度調査（PISA）2018 年調査補足資
　　料：生徒の学校・学校外における ICT 利用」

参考文献

文部科学省（2015）．「情報活用能力の結果について」

文部科学省（2017）．「小学校学習指導要領」

文部科学省（2019）．「GIGA スクール構想の実現へ」

文部科学省（2021）．「『令和の日本型学校教育』の構築を目指して：全ての子供たちの可能性を引き出す，個別最適な学びと，協働的な学びの実現（答申）」（中教審第 228 号）

高橋　純（2015）．「革新的な授業技術としての ICT の在り方についての論考」　学校教育研究, **30**, 50-63.

渡邉光浩・三井一希・佐藤和紀・中野生子・小出泰久・堀田龍也（2021）．「1 人 1 台情報端末の環境で初めて学習する児童の ICT 操作スキルの習得状況」　コンピュータ＆エデュケーション, **50**, 84-89.

■第 16 章　教科の資質・能力と情報活用能力を 1 人 1 台で育成する

三井一希・戸田真志・松葉龍一・鈴木克明（2020）．「小学校におけるタブレット端末を活用した授業実践の SAMR モデルを用いた分析」　教育システム情報学会誌, **37**(4), 348-353.

文部科学省（2017）．「小学校学習指導要領解説総則編」

文部科学省（2019）．「情報活用能力を育成するためのカリキュラム・マネジメントの在り方と授業デザイン」

■第 17 章　プログラミング教育で育てる資質・能力

文部科学省（2017, 2018）．「平成 29・30・31 年改訂学習指導要領（本文，解説）」　https://www.mext.go.jp/a_menu/shotou/new-cs/1384661.htm（2021 年 5 月 31 日閲覧）

文部科学省（2020）．「小学校プログラミング教育の手引（第三版）」　https://www.mext.go.jp/content/20200218-mxt_jogai02-100003171_002.pdf（2021 年 5 月 31 日閲覧）

竹野英敏（編）（2017）．『授業例で読み解く新学習指導要領 中学校技術・家庭科［技術分野］』　開隆堂出版

■第 18 章　情報モラル・情報セキュリティを育む

酒井郷平・塩田真吾・江口清貴（2016）．「トラブルにつながる行動の自覚を促す情報モラル授業の開発と評価：中学生のネットワークにおけるコミュニケーションに着目して」　日本教育工学会論文誌, **39**（Suppl.）, 89-92.

酒井郷平・塩田真吾・小松正・田中康雄・西澤博光・三村　徹・半田剛一・浅子秀樹（2018）．「学校教育における体系的な情報モラルの指導を目指した『SNS 東京ノート』の開発と評価」　第 34 回日本教育工学会全国大会, 427-428.

塩田真吾・高瀬和也・酒井郷平・小林渓太・藪内祥司（2018）．「当事者意識を促す中学生向け情報セキュリティ教材の開発と評価：『あやしさ』を判断させるカード教材の開発」　コンピュータ & エデュケーション, **44**, 85-90.

玉田和恵（2020）．「子供たちが SNS でトラブルに巻き込まれないための情報モラル問題解決力の育成」　江戸川大学紀要, **30**, 441-450.

■第 19 章　児童生徒の探究を支えるリテラシーの育成

Bell, S.（2010）. Project-based learning for the 21st century: Skills for the future. *The Clearing House*, **83**(2), 39-43.

溝上慎一（2016）.「アクティブラーニングとしてのPBL・探究的な学習の理論」溝上慎一・成田秀夫（編）『アクティブラーニングとしてのPBLと探究的な学習』東信堂

文部科学省（2017a）.「小学校学習指導要領（平成 29 年告示）解説「総合的な学習の時間編」

文部科学省（2017b）.「中学校学習指導要領（平成 29 年告示）解説「総合的な学習の時間編」

文部科学省（2018）.「高等学校学習指導要領（平成 30 年告示）解説「総合的な学習の時間編」

登本洋子（2021）.「総合的な探究（学習）の時間」におけるクラウド活用の利点と教員に求められるスキルの検討 -「総合的な探究の時間」の実践と評価からの考察　日本学校教育学会年報(3)

OECD（2018）. The future of education and skills Education 2030. https://www.oecd.org/education/2030-project/about/documents/OECD-Education-2030-Position-Paper_Japanese.pdf（2021 年 5 月 30 日閲覧）

Stolterman, E., & Fors, A. C.（2004）. Information Technology and the good life. In B.Kaplan, D. P. Truex Ⅲ, D. Wastell, A. T. Wood-Harper, J. I. DeGross（Eds.）, *Information systems research*. MA, Boston: Springer. pp.687-692.

■第 20 章　学校図書館と情報活用能力

学校図書館の整備充実に関する調査研究協力者会議（2016）.「これからの学校図書館の整備充実について（報告）」https://www.mext.go.jp/component/b_menu/shingi/toushin/__icsFiles/afieldfile/2016/10/20/1378460_02_2.pdf（2021 年 10 月 26 日閲覧）

文部科学省（2016）.「学校図書館ガイドライン」https://www.mext.go.jp/a_menu/shotou/dokusho/link/1380599.htm（2021 年 10 月 26 日閲覧）

文部科学省（2020）.「図書館実践事例集：主体的・対話的で深い学びの実現に向けて（学校図書館）」https://www.mext.go.jp/a_menu/shotou/dokusho/link/mext_00768.html（2021 年 10 月 26 日閲覧）

文部科学省（2021）.「令和 2 年度『学校図書館の現状に関する調査』結果について」https://www.mext.go.jp/content/20210727-mxt_chisui01-000016869_02.pdf（2021 年 10 月 26 日閲覧）

文部省（編）（1948）.『学校図書館の手引』師範学校教科書

日本図書館情報学会用語辞典編集委員会（編）（2020）.『図書館情報学用語辞典第 5 版』丸善

総研（2019）.「平成 30 年度『子供の読書活動推進計画に関する調査研究』報告書」https://

参考文献

www.kodomodokusyo.go.jp/happyou/datas_download_data.asp?id=62（2021 年 11 月 19 日閲覧）

全国学校図書館協議会（2019）．「情報資源を活用する学びの指導体系表」https://www.j-sla.
or.jp/pdfs/20190101manabinosidoutaikeihyou.pdf（2021 年 10 月 26 日閲覧）

■第 21 章　情報活用能力のカリキュラム・マネジメント

黒上晴夫・小島亜華里・泰山　裕（2012）．「シンキングツール：考えることを教えたい」　学習創造フォーラム

泰山　裕・堀田龍也（2021）．「各教科等で指導可能な情報活用能力とその各教科等相互の関連」　日本教育工学会論文誌, **44**（4）, 547-559.

泰山　裕・小島亜華里・黒上晴夫（2014）．「体系的な情報教育に向けた教科共通の思考スキルの検討：学習指導要領とその解説の分析から」　日本教育工学会論文誌, **37**（4）, 345-386.

人名索引

事項索引

事項索引

事項索引

執筆者紹介（執筆順）

堀田龍也（ほりた　たつや）【1章】
東北大学大学院情報科学研究科 教授／東京学芸大学大学院教育学研究科 教授

宇治橋祐之（うじはし　ゆうじ）【2章】
NHK放送文化研究所 主任研究員

高橋　純（たかはし　じゅん）【3章】
東京学芸大学教育学部 准教授

瀬戸崎典夫（せとざき　のりお）【4章】
長崎大学情報データ科学部 准教授

森下　孟（もりした　たけし）【5章】
信州大学学術研究院教育学系 准教授

水内豊和（みずうち　とよかず）【6章】
島根県立大学人間文化学部 准教授

稲垣　忠（いながき　ただし）【7章】
編者

八木澤史子（やぎさわ　ふみこ）【8章】
千葉大学教育学部 助教

片山敏郎（かたやま　としろう）【9章】
新潟市教育委員会学校支援課 指導主事

山口眞希（やまぐち　まき）【10章】
元 金沢学院大学文学部 講師

北澤　武（きたざわ　たけし）【11章】
東京学芸大学大学院教育学研究科 教授

倉田　伸（くらた　しん）【12章】
長崎大学教育学部 准教授

堀田博史（ほった　ひろし）【13章】
園田学園女子大学人間教育学部 教授

中尾教子（なかお　のりこ）【14章】
神奈川工科大学情報教育研究センター 准教授

佐藤和紀（さとう　かずのり）【15章】
編者

三井一希（みつい　かずき）【16 章】
山梨大学教育学部 准教授

板垣翔大（いたがき　しょうた）【17 章】
宮城教育大学教育学部 准教授

塩田真吾（しおた　しんご）【18 章】
静岡大学教育学部 准教授

登本洋子（のぼりもと　ようこ）【19 章】
東京学芸大学大学院教育学研究科 准教授

庭井史絵（にわい　ふみえ）【20 章】
青山学院大学教育人間科学部 准教授

泰山　裕（たいざん　ゆう）【21 章】
鳴門教育大学大学院学校教育研究科 准教授

※執筆者の所属や職階は発刊当時のものである。

編者紹介

稲垣　忠（いながき　ただし）

東北学院大学文学部 教授

関西大学大学院総合情報学研究科博士課程修了。博士（情報学）。専門は教育工学，情報教育。著訳書は『教育の方法と技術』（編著，北大路書房），『デジタル社会の学びのかたち Ver.2』（編訳，北大路書房），『情報活用型プロジェクト学習ガイドブック』（編著，明治図書出版），『学校アップデート』（共著，さくら社），『情報時代の学校をデザインする』（共訳，北大路書房）など。

佐藤和紀（さとう　かずのり）

信州大学教育学部 准教授

東北大学大学院情報科学研究科博士課程後期修了。博士（情報科学）。専門は教育工学，教育方法学。著書は『情報社会を支える教師になるための教育の方法と技術』（共編著，三省堂），『1人1台端末活用パーフェクト Q&A』（共編著，明治図書出版），『小学校低学年1人1台端末を活用した授業実践ガイド』（共編著，東京書籍），『テンプレートでわかる算数・理科のクラウド活用』（共編著，東洋館出版社），『メディア・リテラシーの教育論』（分担執筆，北大路書房）など。

ICT 活用の理論と実践
DX 時代の教師をめざして

2021 年 12 月 20 日　初版第 1 刷発行
2024 年 2 月 20 日　初版第 7 刷発行

編著者　　　稲 垣　　忠
　　　　　　佐 藤 和 紀

発行所　　　㈱北大路書房
〒603-8303　京都市北区紫野十二坊町 12-8
　　　　　　電話　　（075）431-0361 ㈹
　　　　　　FAX　　（075）431-9393
　　　　　　振替　　01050-4-2083

印刷・製本／創栄図書印刷㈱
装幀／野田和浩

©2021　検印省略
定価はカバーに表示してあります。
落丁・乱丁本はお取り替えいたします。
ISBN978-4-7628-3180-5　　　Printed in Japan